COMPRENDIENDO
LA DIVINIDAD

GREGORY K. RIGGEN

DEDICACIÓN

Este libro está dedicado a Aquel que me amó lo suficiente como para llamarme de las tinieblas a su luz admirable. Estoy eternamente agradecido por el conocimiento y la comprensión que me ha concedido bondadosamente. Sólo Él es Dios. Sólo Él es digno de toda alabanza. Sólo Él tiene el nombre que es sobre todos los nombres, ¡y ese Nombre es JESUS!

CONTENIDO

RECONOCIMIENTOS

Me gustaría expresar mi sincero agradecimiento a todos los que ayudaron a hacer este libro una realidad. Primero, fue el apoyo brindado por el Obispo Gary Howard lo que creo el medio catalizador para que yo escribiera. Segundo, gracias a mi esposa quien paso horas incalculables leyendo, releyendo, editando y trabajando a mi lado a lo largo de este proceso. Adicionalmente, gracias a el hermano Jared Hilton (mi asistente) ha ido más allá de sus responsabilidades ayudándome con este proyecto. También aprecio a otras personas que ayudaron con la corrección y edición: el hermano John Burgess, el hermano Mark Cowen, el hermano James Short y mi yerno, el Mayor D.J. Uribe (USAF). Sus aportaciones han sido invaluables. Por último, quiero dar gracias a la hermana Jasmine Olmos por el diseño de la portada. A todos y cada uno de ustedes, no tengo palabras para transmitir mi profunda gratitud. La palabra, "¡Gracias!", simplemente no parece suficiente. Sólo sé que estoy realmente agradecido.

Dirijo un agradecimiento especial al Pastor Leonel Rocha, Jr., al hermano Carlos Medrano, y a la hermana Silvia Uribe por su incansable trabajo en la traducción al español de este libro. Aprecio bastante su disposición de dedicar numerosas horas a este proyecto. El impacto de su labor tendrá un impacto perenne en el Reino de Dios.

PREFACIO
LA RAZÓN PARA ESCRIBIR

Desde hace varios años, varias personas me han pedido que recopile un libro sobre la doctrina apostólica. Repetidamente he ignorado estas sugerencias ya que reconozco que (1) ya existen muchas obras académicas disponibles en cada área de esta verdad, y (2) la forma que yo enseño doctrina es sumamente simple y, en consecuencia, podría ser rechazada por aquellos que esperan un enfoque más "erudito."

Varios eventos han acontecido que obviamente provocaron un cambio en mi manera de pensar. El primer evento fue el tremendo éxito que hemos estado viendo en la conversión de predicadores trinitarios en el continente de África. Este volumen sería extremadamente largo si describiera en detalle lo exitoso que hemos sido, así que daré sólo una breve sinopsis.

A partir de 2013, y continuando hasta (y muy probablemente mucho después) de la impresión de este libro, Dios me ha permitido viajar a varios países de África y enseñar la Doctrina Apostólica a literalmente cientos de ministros trinitarios y sus esposas. Hemos visto como Dios ha abierto repetidamente los ojos de estas personas a temas como la singularidad de Dios, el bautismo en el nombre de Jesús, la necesidad del Espíritu Santo y la separación del mundo. Ellos, a la vez, regresan a sus congregaciones y enseñan lo que han aprendido. Como resultado, han bautizado a la mayoría, si no a todos, de los miembros de sus congregaciones. Damos toda la gloria a Dios, porque reconocemos que esta es una obra de Su Espíritu, y no los resultados de nuestros talentos, habilidades o inteligencia. Sin embargo, también reconocemos que Dios ha utilizado repetidamente nuestra presentación simple y metódica para acomodar este gran avivamiento.

El segundo evento que sucedió fue que súbitamente recibí varias invitaciones para enseñar doctrina en las iglesias apostólicas aquí en los Estados Unidos de América. Siempre que he aceptado la invitación, he hecho hincapié tanto al pastor anfitrión como a la congregación que no anticipen ninguna profundidad, ya que no trato de "profundizar" al enseñar estas verdades. Por el contrario, trato de presentar nuestro mensaje lo más simple posible, haciéndolo comprensible para prácticamente cualquier persona con una mente abierta. Lo que he visto durante estas sesiones, sinceramente me ha sorprendido. Una y otra vez, buenos santos de Dios (algunos de los cuales han, por su propio testimonio, "servido al Señor por muchos años") se me han acercado para agradecerme por ayudarlos a comprender mejor la verdad y, en algunos casos, una revelación de la verdad ¡por primera vez!

Con estos dos factores trabajando juntos, el tercer y último factor entró en juego. Mientras enseñaba en Tulsa Lighthouse Church en Tulsa, Oklahoma, el hombre al que tengo el privilegio de llamar mi Pastor, el Anciano Gary Howard, me pidió que escribiera un libro sobre nuestra doctrina. Mi amor y aprecio por el Obispo Howard es profundo. Cualquier sugerencia o petición que provenga de él tiene mucho más importancia conmigo que nadie más. Cuando mencionó la idea, supe que era definitivamente el momento, y, a los pocos días, me senté e inicie este proyecto.

Sin embargo, mientras trabajaba, pronto me sentí abrumado

con la tarea que tenía en mis manos. Mi meta original parecía desalentadora: quería escribir un libro que cubriera tres áreas doctrinales principales (la Deidad, el Nuevo Nacimiento y la Separación). Debido a que cada uno de estos temas era tan monumental en su importancia, simplemente no podía motivarme lo suficiente como para "mantener el rumbo".

Casulamente, se me ocurrió una idea. Decidí que debía dividir cada uno de estos tres temas en libros individuales. Con este enfoque, condensaría el tema en "piezas miniatura", lo que me permitiría hacer la tarea más factible.

El libro que tiene en sus manos es el primero de lo que espero sean al menos tres volúmenes, cada uno centrado en ayudar al lector a comprender adecuadamente un aspecto particular del mensaje Apostólico. Espero que los próximos volúmenes se solidifiquen rápidamente.

Mi intención y propósito al escribir es proporcionar publicaciones que casi cualquiera pueda entender fácilmente. Yo creo que hay una necesidad genuina de presentar nuestro mensaje de una manera que permanezca fiel a "la simplicidad que es en Cristo" (2 Corintios 11:3). De hecho, creo que existe una verdadera necesidad en nuestro movimiento de producir escritos que puedan convencer a los escépticos y fortalecer a los creyentes a pesar de su nivel espiritual o educativo.

Por lo tanto, durante el transcurso de las páginas de este libro, espero presentar la doctrina de la Deidad de tal manera que "los errantes, aunque fueren torpes, no se extraviaran". (Isaías 35:8). Aunque deseo ser íntegro, no tengo intención de profundizar en una interpretación detallada teológica. Más bien, quiero dejar que la Escritura interprete la Escritura y así ofrecer respuestas al "hombre común".

Este libro está escrito de una manera conversacional, en lugar de un estilo de escritura más formal. Aunque algunos prefieren el segundo estilo, yo estoy evitando intencionalmente ese enfoque.

Mi objetivo es presentar estas verdades de tal manera que el lector pueda sentir que estamos teniendo una discusión personal, y no una catedra.

Antes de empezar estos estudios, debo tomar un poco de tiempo para compartir un poco de mi testimonio personal. No nací en un hogar apostólico. Aunque mis padres se consideraban cristianos, no eran "practicantes" de ninguna religión en particular. Nos inculcaron una creencia en Dios, pero hasta allí llego su enseñanza. No nos enseñaron acerca de la Biblia, ni llevaron a la iglesia.

A través de una serie de eventos, Dios llevó a mi familia a un lugar de desesperación. Pasamos de tener un ingreso cómodo a pobreza extrema en cuestión de meses. A la edad de 11 años, un primo me invitó a visitar una iglesia apostólica. Fui y me encantó. Vivíamos lo suficientemente cerca para poder caminar a la iglesia si era necesario, y, poco después de cumplir 12 años, me bauticé en el nombre de Jesús y fui lleno del Espíritu Santo. Ese verano, sentí el llamado de Dios a predicar. A los pocos meses de mi conversión, mis padres, hermanos y abuela también se convirtieron. Aproximadamente un año y medio después de recibir el Espíritu Santo, prediqué mi primer sermón a la edad de 13 años.

Poco después de este evento, me invitaron a asistir a un debate entre un predicador Apostólico y un predicador de otra denominación. Vi como el predicador Apostólico citaba las Escrituras y defendía el mensaje, haciéndolo sin titubear. Algo se apoderó de mi corazón, y me sentí animado con el sentimiento de que "si él puede conocer bien nuestra doctrina, yo también". Después de asistir a varios de estos debates, comencé mi exploración para adquirir conocimiento y comprensión doctrinal.

A la edad de 14 años, había compilado ocho páginas escritas a máquina explicando por qué bautizamos en el nombre de Jesús. Tres años después, en el verano entre mi tercer y último año de escuela secundaria, me invitaron a participar en un programa de radio Cristiano en Dallas, Texas, debatiendo el tema del bautismo. En un periodo de diez años después de esto, Dios me ayudó a convertir a un pastor trinitario, bautizando ¡a toda su familia y a varios de sus miembros! Actualmente, después de todos estos años, el Señor me ha bendecido siendo parte de un avivamiento de proporciones Bíblicas donde ¡cientos y cientos de personas están llegando al conocimiento de la verdad!

Sólo relato esto con el propósito de mostrar cómo la doctrina Apostólica ha sido el punto central de mi vida y ministerio por muchos años. Estoy bastante seguro de que hay personas que encontrarán que lo que escribo es elemental, y no me molesta. No pretendo producir una tesis doctoral llena de profundidades extremadamente profundas. Sólo soy un hombre con una pasión enorme por la verdad y un deseo de ayudar a los demás a comprenderla, aceptarla, creerla, obedecerla y, sobre todo, ¡amarla!

Existe una diferencia entre entender y comprender. Una persona puede tener entendimiento o conocimiento de ciertos hechos, pero no necesariamente comprender el significado de estos hechos. Por ejemplo, muchos graduados de la escuela secundaria poseen el entendimiento de la ecuación $E-mc^2$. Sin embargo, muchos de estos mismos no comprenden lo que esos símbolos realmente significan.

Espero que el contenido de este libro haga algo más que simplemente proveer un conocimiento del tema en cuestión. Espero que también les dé una comprensión completa.

Mi más sincera oración es que Dios use este corto libro para Su gloria, y que sean muchas las personas las que reciban una revelación de la verdad como resultado de haberlo leído. Aun si solo una persona se convence, compunge y convierte, habrá valido la pena mi tiempo y esfuerzo.

INTRODUCCIÓN
DEFINICIÓN DE LA DIVINIDAD

Mateo 16:13-18

"Y viniendo Jesús a la región de Cesárea de Filipo, preguntó a sus discípulos, diciendo: ¿Quién dicen los hombres que es el Hijo del Hombre? ¹⁴*Y ellos dijeron: Unos, Juan el Bautista; otros, Elías; y otros, Jeremías, o alguno de los profetas.* ¹⁵ *Él les dijo: ¿Y vosotros quien decís que soy yo?* ¹⁶*Y respondió Simón Pedro, dijo: Tú eres el Cristo, el Hijo del Dios viviente.* ¹⁷*Y respondiendo Jesús, le dijo: Bienaventurado eres Simón hijo de Jonás, porque no te lo revelo carne ni sangre, sino mi Padre que está en el cielos.* ¹⁸*Y yo también te digo que tú eres Pedro, y sobre esta roca edificaré mi iglesia, y las puertas del infierno no prevalecerán contra ella".*

En el texto anterior, Jesús primero preguntó a Sus discípulos sobre las opiniones que tenían otras personas acerca de Quién era Él. Los discípulos respondieron con los comentarios que obviamente habían oído. Después, Jesús hizo una pregunta que era mucho más importante que la opinión de los demás: quería saber la opinión de Sus propios seguidores. Fue en ese momento que Pedro hizo su declaración la cual es bastante conocida.

7

Mateo 16:16
"Y respondiendo Simón Pedro ,dijo: Tú eres el Cristo, el Hijo del Dios viviente ".

Hay un par de cosas sobre esta conversación que merecen nuestra atención. Primero, conforme a Jesús, este entendimiento vino por revelación del Padre.

Mateo 16:17
"Y respondiendo Jesús, le dijo: Bienaventurado eres Simón hijo de Jonás; porque no te lo revelo carne ni sangre, sino mi Padre que está en el cielo ".

Segundo, debemos concientizarnos de que esta revelación es el fundamento de la iglesia. ¡No es una filosofía opcional!

Mateo 16:18
"Y yo también te digo que tú eres Pedro, y sobre esta roca edificaré mi iglesia, y las puertas del infierno no prevalecerán contra ella ".

Comprenda que la iglesia no fue construida sobre Pedro. Mientras que su nombre en el Griego original ciertamente significa roca, la palabra es más específica. La palabra griega *petros* en realidad significa una piedra pequeña. Cuando Jesús dijo que edificaría Su iglesia sobre "esta roca", usó una palabra griega DIFERENTE. Aquí, usó *petra*, que significa ¡una roca grande! La roca sobre la que se construye la iglesia es la roca de la revelación de ¡Quién es Cristo!

Al escribir a Timoteo, el "hijo en el Evangelio" de Pablo (Filipenses 2:19-22), el apóstol hizo una declaración interesante. Consideremos lo que escribió:

1 Timoteo 3:16
"Y sin contradicción, grande es el misterio de la piedad: Dios fue manifestado en carne,

justificado en el Espíritu, visto de los ángeles; predicado a los gentiles, creído en el mundo; recibido arriba en gloria".

"Sin contradicción" es en realidad una palabra en el griego original que significa: *por el consentimiento de todos.* En contexto, habla de lo que todos los verdaderos creyentes concuerdan.

La palabra griega que se traduce "santidad" no es la misma palabra que se utiliza generalmente para transmitir el concepto de la "santidad". Más bien, es una palabra totalmente diferente con una definición de mayor alcance. Según el Comentario Popular de Philip Schaff *sobre el Nuevo Testament (Popular Commentary on the New Testamento),* "la palabra 'santidad' se toma   para significar la religión que los hombres profesan".[1]

Con frecuencia en mi enseñanza proporciono definiciones claras de palabras y frases griegas específicas y luego las resumo. Cuando lo hago, señalo el resumen como "la *versión revisada de Riggen" (RRV).* La RRV de Primera de Timoteo 3:16 diría: "Por el consentimiento de todos los verdaderos creyentes, la base de la religión Cristiana es el hecho de que Dios se manifestó en la carne."

Vemos entonces, que Pablo declaró que todo verdadero creyente tiene la misma opinión con respecto a Dios. En Mateo 16:18, Jesús declaró que la única iglesia contra la cual el Infierno no puede prevalecer es la iglesia que se construye sobre la revelación de ¡Quién es El! Debido a este hecho, la doctrina bíblica de la Deidad NO es algo que se pueda dejar a las opiniones propias y a las interpretaciones privadas.

Conforme iniciamos nuestra búsqueda de la comprensión de las Escrituras tocante a la Deidad, hagamos lo mismo que Jesús

---

[1] SCHAFF, P. (1883). *Un comentario popular sobre el Nuevo Testamento.* Edimburgo, T. & T. Clark.

hizo y descubramos las opiniones comunes. Tengo la seguridad que la mayoría de los teólogos y académicos que se identifican como Cristianos definirían a Dios como "la Santa Trinidad".

La Trinidad se define comúnmente como: Tres personas separadas y distintas que son co-iguales, co-eternos y co-existentes. Para garantizar que explico la Trinidad de una manera aceptable para aquellos que apoyan esa doctrina, busqué una definición precisa.

El sitio de web de los Ministerios Alpha y Omega se identifica como "Apologética y "Teología Cristiana". Allí, la Trinidad se define de la siguiente manera:[2]

> *1. Existe en el Ser Divino, pero una esencia indivisible (ousia, essentia).*
>
> *2. En este Ser Divino hay tres Personas o subsistencias individuales, Padre, Hijo y Espíritu Santo.*
>
> *3. Toda la esencia integra de Dios pertenece equitativamente a cada una de las tres personas.*
>
> *4. La subsistencia y el funcionamiento de las tres personas en el Ser divino está marcada por un cierto orden definido.*
>
> *5. Hay ciertos atributos personales por los cuales se diferencian las tres personas.*
>
> *6. La Iglesia confiesa que la Trinidad es un misterio más allá de la comprensión del hombre.[3]*

Otro sitio web que busca abordar la doctrina de la Trinidad es LayEvangelism.com. Allí se ofrece el siguiente comentario:

---

[2] Ministerios Alfa y Omega, consultados el 29 de abril de 2019, https://www.aomin.org

[3] BLANCO, J., *La Naturaleza de Dios*. (2001). Ministerios Alpha & Omega, http://vintage.aomin.org/natureofgod.html

> *Los teólogos cristianos han dicho: "Negad la Trinidad y perderás tu alma; trata de explicarla y perderás tu mente". Dios dice en Su palabra en Deuteronomio 29:29 "Las cosas secretas pertenecen a Yehovah-nuestro-Elohim..." Hay algunas cosas acerca de Dios que no podemos entender en este lado del cielo. Como dice este versículo, hay secretos que Dios no comparte con nadie.*

> *El misterio de la Trinidad es uno de ellos. La Biblia nos enseña claramente que sólo hay un Dios de una esencia del pasado de la eternidad que se manifiesta en 3 personas individuales que tienen intelecto, emoción y voluntad independientes. Esto significa que mientras estas tres personas que componen UN Dios, son Dios infinito con todos los atributos de la deidad, sin embargo, sus experiencias y elecciones individuales son exclusivas. Esto no significa que estos son tres Dioses individuales, esto significa que el ÚNICO Dios de una esencia se manifiesta en tres personas individuales.[4]*

La razón por la que los hombres enseñan que la Trinidad es un "misterio más allá de la comprensión" es porque su definición de Dios ¡se encuentra más allá de la comprensión! De hecho, el Apóstol Pablo declaró exactamente lo contrario. Según él, la definición bíblica de la Deidad está fácilmente al alcance de la comprensión humana.

Romanos 1:20
Porque las cosas invisibles de Él, su poder eterno y Deidad, son claramente visibles desde la

---

[4] KRUSE, D.P., *¿Cómo se manifiesta un Dios de una esencia en tres personas?*, (2004). Evangelismo laico, http://www.layevangelism.com/qreference/islam/trinity.htm

*creación del mundo, siendo extendidas por las
cosas que son hechas; así que no tienen excusa.*

Aquí Pablo afirma que algunas cosas son "claramente vistas" y "comprendidas". Además, aquellos que no pueden "ver claramente" ni "comprenden" "¡no tienen excusa!" Interesantemente, el Apóstol señaló la Deidad entre esas cosas. Por lo tanto, no sólo usted PUEDE comprenderlo, y DEBERIA comprenderlo, sino que ¡no tiene excusa para NO entenderlo!

Puesto que la Deidad puede – y DEBE – ser comprendida, Y NO es un "misterio complejo", yo afirmo que el tema de la Deidad es en realidad uno bastante sencillo. En los siguientes capítulos, examinaremos cuatro principios de las Escrituras que forman la base para todo lo que se necesita para comprender la Deidad.

Si una persona puede comprender (y aceptar) plenamente los cuatro principios simples que proporciono en los siguientes capítulos, llegarán a la conclusión de que la Deidad es verdaderamente un tema fácil de comprender. Además, llegarán a una interpretación bíblica apta y exacta ¡de quién realmente es el Dios de la Biblia!

CAPÍTULO 1
¡DIOS ES UNO!

El primer principio clave para entender la Deidad es algo que TODO cristiano debe estar de acuerdo. Esto es: Hay un sólo **UN DIOS.**

Deuteronomio 6:4-5
> *"Oye, Israel: Jehová nuestro Dios, Jehová uno es. ^{5}Y amarás a Jehová tu Dios con todo tu corazón, y con toda tu alma, y con toda tu fuerzas".*

Creo que es necesario recalcar el hecho de que para las personas Judías, este era el pasaje más importante de las Escrituras. Observaban la costumbre de repetirlo todas las mañanas, noches y durante el transcurso del día; este pasaje se encontraba en un pergamino clavado a la entrada de sus hogares.

Jesús incluso lo identificó como "el primero de los mandamiento." (Muchas otras traducciones, por cierto, dicen que Jesús lo identificó como "el más importante").

Marcos 12:28-30
> *"Y uno de los escribas que los había oído disputar, y sabía que les había respondido bien, vino y le pregunto: ¿Cuál es el primer mandamiento de todos? ^{29}Y Jesús le respondió:*

13

*El primero de todos los mandamientos es: Oye,
oh Israel, El Señor nuestro Dios, el Señor uno es.
³⁰Y amarás al Señor tu Dios con todo tu corazón,
y con toda tu alma, y con toda tu mente, y con
toda tus fuerzas: este es el primer mandamiento".*

En este pasaje, el escriba le preguntó a Jesús, "¿cuál es el primer mandamiento de todos? "Con más de 600 mandamientos en el Antiguo Testamento, algunos podrían pensar que esa pregunta es difícil de contestar. A pesar de ese hecho, Jesús no tuvo ningún problema contestándola. ¡Declaró claramente que el mandamiento más importante de la Biblia se encuentra en Deuteronomio 6:4-5!

Cuando leemos Deuteronomio 6:4-5 es importante notar que los versículos cuatro y cinco son una oración continua. Aunque se dividen en dos versículos, es una declaración singular, y debe leerse como tal. La razón por la que señalo esto es debido a la ligera diferencia entre la forma en que Mateo y Marcos registraron la respuesta de Jesús.

Mientras que Mateo sólo citó la última porción —"amarás al Señor tu Dios..." (véase Mateo 22:36-38)—debemos notar que escribía a una audiencia Judía. Los judíos, por supuesto, habrían reconocido fácilmente esto como parte de la oración que se encuentra en Deuteronomio 6:4-5. Por lo tanto, habrían sabido inmediatamente que la primera parte de esa oración ("Oye, oh Israel... ") era obviamente una parte del "primer mandamiento" del cual Jesús habló.

Marcos, por su parte, escribió a una audiencia Romana, gente que creía en más de un dios. Para ellos, era necesario incluir la oración completa.

Teniendo en cuenta esto, se puede decir fácilmente que tanto el conocimiento de la indivisibilidad de Dios Y el requisito de amarlo con todo el corazón conforman el ÚNICO "gran mandamiento". La realidad es que no es suficiente simplemente saber que hay un solo Dios, si no lo amas con todo tu corazón, alma, mente y con toda tu fuerza. Además, no sirve de nada amar a cualquier "dios"– ¡DEBE amar al único Dios Verdadero del Antiguo Testamento!

Con esta perspectiva, está claro que el primer y más grande mandamiento incluye el hecho de que Dios es uno. Por lo tanto, sea lo que sea que creamos acerca de Dios, DEBE estar basado sobre el principio de que Él es UNO. Y punto.

Hay demasiados versículos en la Biblia que proclaman que Dios, para lo cual tendría que proporcionar una lista meticulosa en este capítulo. Sin embargo, voy a proporcionar varios versículos para que el lector pueda ver cuán insistente es la Escritura sobre la existencia de un sólo Señor.

Deuteronomio 4:35
"A ti te fue mostrado, para que supieses que Jehová, Él es Dios; no hay otro fuera de Él".

Deuteronomio 4:39
"Reconoce pues, hoy, y reconsidera en tu corazón que Jehová, Él es Dios arriba en el cielo, y abajo sobre la tierra; no hay otro".

Deuteronomio 32:39
"Ved ahora que yo, yo soy, y no hay dioses conmigo; yo hago morir, y hago vivir; Yo hiero, y sano: Y no hay quien pueda liberar de mi mano".

2 Samuel 7:22
"Por tanto, tú te has engrandecido, Jehová Dios; porque no hay como tú, ni hay Dios fuera de ti, conforme a todo lo que hemos oído con nuestros oídos".

1 Reyes 8:60
"Para que todos los pueblos de la tierra sepan que Jehová es Dios, y que no hay otro".

2 Reyes 5:15

"Y volvió al varón de Dios, él y toda su compañía, y se puso delante de él, y dijo: He aquí ahora conozco que no hay Dios en toda la tierra, sino en Israel. Te ruego que recibas algún presente de tu siervo".

1 Crónicas 17:20

"Jehová, no hay semejante a ti, ni hay Dios sino tú, Según todas las que hemos oído con nuestros oídos".

Nehemías 9:6

"Tú, solo tú, oh Jehová; Tu hiciste el cielo, y el cielo de los cielos, y todo su ejército, la tierra y todo lo que está en ella, los mares y todo lo que hay en ellos, y tú has preservado todas estas cosas, y el ejército del cielo te adora".

Salmos 86:10

"Porque tú eres grande, y hacedor de maravillas: Solo tú eres Dios".

Isaías 37:16

"Jehová de los ejércitos, Dios de Israel, que moras entre los querubines, solo tú eres Dios sobre todos los reinos de la tierra; tu hiciste el cielo y la tierra".

Isaías 43:10-11

"Vosotros sois mis testigos, dice Jehová, y mi siervo que yo escogí: para que me conozcáis y creáis, y entendáis que yo mismo soy: antes de mí no fue formado Dios, ni lo será después de mí. [11]Yo, yo Jehová, y fuera de mí no hay quien salve".

Isaías 45:21

"Publicad, y hacedlos llegar, y entren todos en consulta: ¿quién hizo oír esto desde el principio, y lo tiene dicho desde entonces, sino yo Jehová?

y no hay más Dios que yo; Dios justo y Salvador: ningún otro fuera de mí".

Isaías 46:9

"Acordaos de las cosas pasadas desde la antigüedad, porque yo soy Dios, y no hay más Dios, y nada hay semejante a mí;"

Malaquías 2:10

"¿No tenemos todos un mismo padre? ¿No nos ha creado un mismo Dios? ¿por qué, pues, somos desleales cada uno contra su hermano, profanando el pacto de nuestros padres?"

Marcos 12:32

"Entonces el escriba le dijo: Bien, Maestro, verdad has dicho, porque hay un Dios; y no hay otro fuera de Él".

Juan 17:3

"Y esta es la vida eterna, Que te conozcan a ti, el único Dios verdadero, y a Jesucristo, a quien tú has enviado".

Romanos 3:30

"Porque Dios es uno, y el justificará por la fe a los de la circuncisión, y por medio de la fe a los de la incircunciso".

1 Corintios 8:4-6

"Y en cuanto a comer de aquello que es sacrificado a los ídolos, sabemos que el ídolo nada es en el mundo, y que no hay más que un solo Dios. [5]Porque aunque haya que se llamen dioses, ya sea en el cielo, o en la tierra, (como hay muchos dioses, y muchos señores),6 más para nosotros sólo hay un Dios, el Padre, de quien son todas las cosas, y nosotros en El; y un Señor, Jesucristo por el cual son todas las cosas, y nosotros por Él".

Efesios 4:6

"Un Dios y Padre de todos, el cual es sobre todo, y por todo, y en todos vosotros".

1 Timoteo 2:5

"Porque hay un solo Dios, y un solo mediador entre Dios y los hombres, Jesucristo hombre";

Santiago 2:19

"Tú crees que hay un Dios; bien haces; los demonios creen, y tiemblan".

Por lo tanto, el concepto más importante es que Dios es UNO. Este es el primer principio para entender la Deidad: *SÓLO HAY UN DIOS.*

CAPÍTULO 2
IDENTIFICANDO AL PADRE

Aunque debería ser obvio para todos, vale la pena afirmar que si alguien podría identificar quién es Dios, sería Jesucristo. Por lo tanto, SU definición de Dios es mucho más importante que CUALQUIER académico o teólogo moderno. Consideremos pues, una conversación en la que Jesús identificó la manera apropiada de ver a Dios.

Juan 4:24
"Dios es Espíritu, y los que le adoran, en espíritu y en verdad es necesario que le adoren".

En este breve versículo, encontramos la simple definición de exactamente Quién (y qué) es Dios. De acuerdo a Jesús, el único Dios de la Biblia es un Espíritu. Tenga en cuenta que NUNCA dijo: "Dios es tres personas", o aun que "Dios es una persona". Sino dijo: "Dios es Espíritu".

Por lo tanto, adoptemos la identificación BÍBLICA de Dios – Él no es tres personas, dos personas, o incluso UNA persona. De acuerdo a Jesús, Dios es Espíritu.

Tomando este hecho como base, considere el contexto del versículo 24. Al hacerlo, vemos que el Espíritu que llamamos "Dios" fue identificado por Cristo como "el Padre".

19

Juan 4:23-24

"Pero la hora viene, y ahora es, cuando los verdaderos adoradores adorarán al Padre en espíritu y en verdad, pues también el Padre tales adoradores busca que lo adoren. ²⁴Dios es Espíritu; y los que le adoran, en espíritu y en verdad es necesario que le adoren".

En el versículo 23, Jesús dijo que los verdaderos adoradores "adorarían al Padre en espíritu y en verdad". Continuó diciendo que es el Padre quien está buscando "tales que le adoren". En el versículo 24, el pronombre "le" se refiere al antecedente "Dios". Este versículo continúa diciendo que "Dios" es Aquel que debe ser adorado "en espíritu y verdad". Entonces, es obvio que en estos dos versículos, cuando Jesús habló de "Dios", estaba refiriéndose al "Padre".

De hecho, es interesante ver cuántas veces el Nuevo Testamento identifica específicamente a "Dios" como "el Padre" (por ejemplo, considerar Juan 6:27; Juan 8:41; Romanos 1:7; Romanos 15:6; 1 Corintios 1:3; 1 Corintios 8:6; 1 Corintios 5:24; 2 Corintios 1:2, 3; 2 Corintios 11:31; Gálatas 1:3, 4; Efesios 1:2, 3, 17; Efesios 6:23; Filipenses 1:2; Filipenses 2:11; Colosenses 1:2; 1 Tesalonicenses 1:1; 1 Tesalonicenses 3:13; 2 Tesalonicenses 1:1, 2; 1 Timoteo 1:2; 2 Timoteo 1:2; Tito 1:4; Filemón 1:3; Santiago 3:9; 1 Pedro 1:2; 2 Pedro 1:17; 2 Juan 1:3; Judas 1:1; *et al*).

Por consiguiente, sería correcto reproducir el versículo 24 como: "Dios (el Padre) es un Espíritu". Por lo tanto, siempre que leemos acerca del "Padre", debemos pensar inmediatamente en "Espíritu".

Este hecho destruye sin duda la percepción Trinitaria de Quién es el Padre. El Padre no puede ser "la primera persona en la Deidad", ya que no es una "persona" en absoluto – ¡Es un Espíritu!

¡Todos sabemos lo que significa la palabra "persona"! Se refiere claramente y sin duda a un ser humano (búsquelo en cualquier diccionario si duda de mí), y – sin equivocación – ¡Dios NO es un ser humano!

Números 23:19
> *"Dios no es hombre, para que mienta; ni hijo de hombre para que se arrepienta: Él dijo ¿y no hará? hablo, ¿y no lo ejecutara?"*

1 Samuel 15:29
> *"Y también el poderoso de Israel no mentirá, ni se arrepentirá, porque él no es hombre para que se arrepienta".*

Para ser justo, he leído en algunos textos donde actualmente algunos Trinitarios están empezando a evitar el uso del término "persona" para describir a Dios. El problema reside en que tendrían que cambiar toda su definición de la Deidad (es decir, "tres personas") para cesar de usar el término. Para no cambiar su definición básica, en su lugar definen "persona" de una manera que pueda adaptarse a su propia ideología. Un ejemplo lo da el Ministerio Cristiano de Apologia e Investigaciones (CARM, por sus siglas en inglés), el cual define a "persona" como "individualidad y autoconciencia. "[5]

Tal vez estoy siendo demasiado simplista, pero me parece que si tiene que inventar nuevas definiciones de palabras comunes para apoyar su doctrina, ¡debería reconocer inmediatamente que su doctrina no es correcta! Sin importar la manera en la que los Trinitarios deseen definir la palabra "persona", el hecho es que ¡Dios es más grande, más poderoso y mucho más grande en todos los sentidos que lo que cualquier "persona" podría ser!

Por supuesto, existen aquellos que insistirían en que Dios es

---

[5] SLICK, M., *¿Qué es la Trinidad?*, (2008). Ministerio de Apologética Cristiana e Investigación, https://carm.org/what-is-the-trinity

realmente una "persona", según las Escrituras. Su afirmación se basa en Hebreos 1:3.

Hebreos 1:3

"El cual, siendo el resplandor de su gloria, y la imagen misma de su sustancia, y quien sustenta todas las cosas con la palabra de su poder, habiendo hecho la expiación de nuestros pecados por sí mismo, se sentó a la diestra de la Majestad en las alturas".

En este versículo, la Biblia dice que Cristo es la "imagen misma de su [Dios el Padre]" **persona**. Aunque la versión King James traduce la palabra griega *hupostasis* como "persona", es prácticamente el único que lo hace. Otras traducciones traducen esta palabra como "esencia", "naturaleza" o "ser".

Referente a Hebreos 1:3, el Dr. Albert Barnes dijo: "Es evidente que no se puede utilizar [el sentido de una 'persona'] cuando se aplica a Dios, y que esta palabra ['persona'] no expresa la verdadera idea del pasaje aquí." Obviamente, el autor de Hebreos no estaba tratando de afirmar que el Padre es una "persona", y que Cristo lleva Su "imagen", sino que Cristo es la representación completa de la esencia y la naturaleza del Padre.[6]

No hace falta decir que debemos aceptar las palabras de Jesús al pie de la letra en lugar de tratar de interpolarlas para que se ajusten a nuestras propias creencias. Si lo hacemos, tendremos que admitir que Dios el Padre es un Espíritu ¡y NO una persona!

Entendiendo que Dios el Padre es un Espíritu, consideremos algunos atributos bastante importantes de ese Espíritu:

1. **Dios el Padre es un Espíritu Omnipresente** (es *decir,* está en todas partes al mismo tiempo).

---

[6] BARNES, A., Murphy, J. G., Cook, F.C., Pusey, E.B., Leupold, H.C., & Frew, R., (1996). Notas de Barnes. Grand Rapids, Michigan: Baker.

Isaías 66:1

"Jehová dijo así: El cielo es mi trono, y la tierra el estrado de mis pies: ¿dónde está la casa que me habréis de edificar, y donde está el lugar de mi reposo?"

Salmo 139:7-10

"¿Adónde iré de tu espíritu? ¿O a dónde huiré de tu presencia? ⁸Si subiere al cielo, allí estás tu ;Y si en el infierno hiciere mi lecho, he aquí allí tu estas. ⁹Si tomare las alas del alba, y habitare en el extremo del mar; ¹⁰aun allí me guiara tu mano, y me asirá tu diestra".

Jeremías 23:24

"¿Se ocultara alguno, dice Jehová, en escondrijos que yo no lo vea? ¿No lleno yo, dice Jehová, el cielo y la tierra?"

2. Dios El Padre es un Espíritu Inmortal (es *decir*, es eterno y no puede morir).

Salmo 90:1-4

"Señor, tú nos has sido refugio de generación en generación. ²Antes que naciesen los montes y formases la tierra y el mundo; Desde la eternidad hasta la eternidad, tú eres Dios. ³ Vuelves al hombre hasta ser quebrantado, y dices: Convertíos, hijos de los hombres. ⁴Porque mil años delante de tus ojos, son como el día de ayer, que paso, y como una de las vigilias de la noche".

1 Timoteo 1:17

"Por tanto, al Rey eterno, inmortal, invisible, al único sabio Dios, sea honor y gloria por siempre jamás. Amén".

1 Timoteo 6:16

"El único que tiene inmortalidad, y habita en luz inaccesible; a quien ningún hombre ha visto

ni puede ver. A Él sea honra y poder sempiterno. Amén".

3. **Dios el Padre es un Espíritu Invisible** (es *decir*, no se le puede ver).

Juan 1:18
"*A Dios nadie le vio jamás; el unigénito Hijo, que está en el seno del Padre, Él le ha dado a conocer".*

Colosenses 1:15
"*El cuál es la imagen del Dios invisible, el primogénito de toda criatura."*

1 Timoteo 1:17
"*Por tanto, al Rey eterno, inmortal, invisible, al único sabio Dios, sea honor y gloria por siempre jamás. Amén".*

1 Juan 4:12
"*A Dios nadie le vio jamás. Si nos amamos unos a otros, Dios permanece en nosotros, y su amor se perfecciona en nosotros".*

1 Timoteo 6:16
"*El único que tiene inmortalidad, y habita en luz inaccesible; que ningún hombre ha visto ni puede ver. A Él sea honra y poder sempiterno. Amén".*

Ninguno de estos aspectos y características de Dios el Padre son aplicables a una "persona" (como entendemos el término). En lugar, lo identifican claramente de tal manera que debemos confesar fácilmente que no es , ni puede ser – un hombre.

Este conocimiento nos ayuda a obtener una comprensión Bíblica más avanzada de quién es Dios. Este es, entonces, el segundo principio en la comprensión de la Deidad: **EL SOLO DIOS DE LA BIBLIA (el Padre) ES UN ESPIRITU.**

CAPÍTULO 3
IDENTIFICANDO AL HIJO

Hemos concluido siguiendo las Escrituras que: (1) sólo hay un Dios; y (2) el único Dios (el Padre) es un Espíritu. Ahora centramos nuestra atención en lo que comúnmente se llama "la segunda persona en la Deidad": el hombre Cristo Jesús. Al hacerlo, descubriremos el tercer principio en este proceso de comprender la Deidad.

Para identificar al Hijo de Dios, dirigiré su atención a las palabras del ángel Gabriel. Cuando anunció a María de que iba a dar a luz al Mesías, Gabriel hizo una declaración interesante con respecto al niño que daría a luz.

Lucas 1:35
"Y respondió el ángel y le dijo: El Espíritu Santo vendrá sobre ti, y el poder del Altísimo te cubrirá con su sombra; por lo cual también lo Santo que de ti nacerá, será llamado el Hijo de Dios".

Antes de llegar a la declaración concerniente al Hijo, permítanme recalcar algo más que el ángel proclamó en ese momento. Lo primero que hay que tener en cuenta es que Gabriel dijo que era el Espíritu Santo el que llevaría a cabo el milagro de la paternidad en el vientre de María.

Es un hecho biológico que cuando una mujer está

embarazada, quien causa el embarazo es el padre del niño. Entonces, por simple lógica, debe ser evidente que ¡el Padre de Jesucristo fue el Espíritu Santo!

Lucas no es el único escritor que ha afirmado este hecho. El Libro de Mateo también lo confirma.

Mateo 1:18

"El nacimiento de Jesucristo fue así: Estando María su madre desposada con José, antes que se juntasen, se halló que había concebido del Espíritu Santo".

Mateo 1:20

"Y pensando el en esto, he aquí el ángel del Señor le apareció en un sueño, diciendo: José hijo de David, no temas recibir a María tu esposa, porque lo que en ella es engendrado, del Espíritu Santo es".

Siendo este el caso, sólo nos quedan algunas opciones: o Jesús tenía más de un Padre, O Jesús estaba confundido acerca de quién era Su Padre, O el Espíritu Santo (el "Espíritu Santo", que en virtud del mismo nombre, se entiende que es un Espíritu) ES el Padre. La única conclusión lógica que se puede aceptar es la última. ¡Es imposible que el Padre sea "la Primera Persona" y el Espíritu Santo ser la "Tercera Persona", ya que el Espíritu Santo realmente "engendro" al niño Cristo! Puesto que el Padre es un Espíritu y el Espíritu Santo es un Espíritu, pero sin embargo, sólo hay "un Espíritu", no puede haber distinción en la identidad de Dios el Padre y el Espíritu Santo.

Efesios 4:4

"Un cuerpo, y un Espíritu, como sois también llamados en una misma esperanza de vuestro llamamiento".

Porque Dios el Padre es un Espíritu (Juan 4:24) Quien se llama repetidamente "el Santo" (leamos 2 Reyes 19:22; Salmos

71:22; Salmos 78:41; Salmos 89:18; Isaías 1:4; Isaías 5:19, 24; Isaías 10:17, 20; Isaías 12:6; Isaías 17:7; Isaías 29:19, 23; Isaías 30:11, 12, 15, 29; Isaías 31:1; Isaías 37:23; Isaías 41:14, 16, 20; Isaías 43:3, 14, 15; Isaías 45:11; Isaías 47:4; Isaías 48:17; Isaías 49:7; Isaías 54:5; Isaías 55:5; Isaías 60:9, 14; Jeremías 50:29; Jeremías 51:5; Ezequiel 20:39; Ezequiel 39:7; *y otros*), Y sólo hay "un Espíritu" (Efesios 4:4), entonces Dios el Padre debe ser el Espíritu Santo. No puede haber distinción entre la sustancia del Padre y el Espíritu Santo.

Por supuesto, la pregunta sin duda que viene a la mente de muchos es: "¿Por qué leemos entonces, referencias tanto del 'Padre' como del 'Espíritu Santo'?" La respuesta es simple: Estos son títulos que identifican posiciones de relación.

Permítame explicarle. Yo soy un pastor y esposo. Aunque ambos títulos se aplican a la misma persona, los títulos no son necesariamente intercambiables en todo momento. Cuando predico, por ejemplo, no le digo a la iglesia: "Tu esposo te está predicando". Tampoco vengo a casa y le digo a mi esposa: "Tu pastor desea algo de beber". En ambas situaciones, me identificaré por el título que describe mejor conforme a mi relación con los oyentes.

Además, en las circunstancias adecuadas podría ser apropiado utilizar ambos títulos en una oración. Por ejemplo, un miembro de la iglesia que tengo a cargo pudiera hablar sobre el ejemplo que doy en mi vida como pastor y esposo. Por supuesto, el uso de dos términos separados para describirme nunca debe tomarse como una referencia a dos individuos diferentes.

A Este Solo Dios se le llamará "Padre" si el tema en cuestión es, por ejemplo, Su relación con Su creación (especialmente Su pueblo). También se le llamará "el Espíritu Santo" si el escritor está describiendo el Espíritu morador (o fortalecedor) Quien opera en la vida de Su pueblo. Aun así, la Escritura también podría utilizar ambos términos si hay una necesidad de usar ambas funciones al mismo tiempo.

Salmos 51:10-11

"Crea en mí, oh Dios, un corazón limpio; y renueva un espíritu recto dentro de mí. ¹¹No me eches de delante de ti; y no quites de mi tu Santo Espíritu".

En este pasaje, aunque David no se dirigió a Dios específicamente como "Padre", obviamente le estaba orando de esa manera. Entonces, en el siguiente versículo, el salmista imploró a su Padre Celestial que no le quitara su " Espíritu Santo". Esto claramente no es una referencia a dos diferentes Seres, sino que es una referencia a dos posiciones separadas mantenidas por el mismo Ser en la vida del autor.

Vemos lo mismo en el Nuevo Testamento. En el siguiente versículo, el Apóstol Pedro utilizó más de un título para describir el mismo Ser.

1 Pedro 1:2

"Elegidos según la presciencia de Dios Padre en santificación del Espíritu, para obedecer y ser rociados con la sangre de Jesucristo: Gracia y paz os sean multiplicadas".

Aquí, Pedro habló del conocimiento previo del Padre. También mencionó el hecho de que somos santificados por el Espíritu. Estos términos no deben ser malinterpretados como que representan a "dos personas separadas y distintas", sino más bien dos funciones separadas y distintas del único Dios verdadero. (Leamos 1 Juan 5:20.)

Dirijamos nuestra atención una vez más al versículo de la Escritura con el que abrimos este capítulo. En este punto veremos el tercer principio incluido en la comprensión de la Deidad.

Lucas 1:35

"Y el ángel respondió y le dijo: El Espíritu Santo vendrá sobre ti, y el poder del Altísimo te

cubrirá con su sombra; por lo cual también lo Santo que de ti nacerá, será llamado el Hijo de Dios".

La segunda cosa que debe señalarse en este versículo es "lo que nació de María" fue lo que se llamaría "el Hijo de Dios". Para entender mejor mi punto, quiero hacer notar algo que Jesús le dijo a Nicodemo al discutir el tema del nacimiento.

Juan 3:6
"Lo que es nacido de la carne, carne es, y lo que es nacido del Espíritu, espíritu es".

Como María era carne, no dio a luz a un espíritu. Como carne, sólo podía dar a luz carne. Por lo tanto, "lo que nació de María" era carne. Por consiguiente, "lo santo" que iba a ser llamado "el Hijo de Dios" era carne.

Nunca en ninguna parte de la Escritura se le llamó a Cristo el "Dios el hijo". Más bien, era el Hijo de Dios. ¡Hay una diferencia!

Recuerde, Dios es un Espíritu. Una vez más, María NO dio a luz a un espíritu.

Según el ángel Gabriel, el Hijo de Dios era el cuerpo carnal (o la humanidad) que nació de María. Además, el ángel no fue el único que lo dijo. El apóstol Pablo confirmó este hecho cuando escribió que el Hijo de Dios fue "hecho de una mujer".

Gálatas 4:4
"Mas venido el cumplimiento del tiempo, Dios envió a su Hijo, hecho de mujer, hecha bajo la ley",

Permítanme ser claro: María NO era "la madre de Dios." ¡Más bien, era la madre del Hijo de Dios!

El hecho de que el término "Hijo de Dios" se refiere a la humanidad (la carne) se evidencia en las siguientes referencias a las cosas que acompañan a la humanidad, pero no describen espíritus:

(1) Creció física, intelectual, emocional y espiritualmente.

Lucas 2:52

"Y Jesús creció en sabiduría y estatura, y en gracia con Dios y los hombres".

(2) Tuvo hambre.

Mateo 4:2

"Y después que hubo ayunado cuarenta días y cuarenta noches, tuvo hambre".

(3) Se cansó.

Juan 4:6

"Y estaba allí el pozo de Jacob. Entonces Jesús, cansado del camino, se sentó así junto al pozo; y era como la hora sexta".

(4) Durmió.

Mateo 8:24

"Y he aquí que se levantó en el mar una tempestad tan grande que las olas cubrían la barca; más Él dormía".

(5) Lloró.

Juan 11:35

"Jesús lloró".

(6) Se llamó a sí mismo "el Hijo del Hombre".

Mateo 16:13

"Y viniendo Jesús llegó a la región de Cesárea de Filipo, preguntó a sus discípulos, diciendo: ¿Quién dicen los hombres que es el Hijo del hombre?"

(7) Se llamaba a sí mismo "un hombre".

Juan 8:40

"Pero ahora procuráis matarme a mí, hombre

que os he hablado la verdad, el cual he oído de
Dios; Abraham no hizo esto".

(8) Murió.

Juan 19:33

*"Pero cuando llegaron a Jesús, como le vieron
ya muerto, no le quebraron las piernas".*

1 Corintios 15:3

*"Porque primeramente os he entregado lo que
asimismo recibí: Que Cristo murió por nuestros
pecados conforme a las Escrituras";*

Está claro que un espíritu no se vuelve más inteligente, tiene
hambre o se cansa. Un espíritu no duerme ni llora. Un espíritu
nunca podría ser "el hijo del hombre" o "un hombre". Un espíritu
no muere. Estas referencias muestran sin lugar a dudas que el Hijo
de Dios era un hombre – plenamente humano en todos los sentidos
de la palabra. Su carne no era "carne divina" (nunca tal
descripción se menciona en la Biblia; de hecho 1 Pedro 1:24 dice:
"TODA carne es como hierba [la cual] se seca, y... cae). Su carne
era la misma que la de su madre.

Es indiscutible que el término "Hijo de Dios" se refiere a la
humanidad de Cristo. Se refiere a Su carne.

Aquí hay que señalar que, mientras creemos en el Padre
Eterno y, también en el Espíritu Eterno, NO creemos en el Hijo
Eterno, porque de hecho, la Biblia dice exactamente lo contrario.

Juan 3:16

*"Porque de tal manera amo Dios al mundo,
que a dado a su Hijo unigénito, para que todo
aquel que en El cree, no se pierda, más tenga vida
eterna".*

En lo que puede ser uno de los versículos más conocidos (y
tal vez amados) y utilizados por los Trinitarios, se dice que el Hijo
es "engendrado". "Engendrar" y "eterno" son términos
contradictorios. "Engendrado" significa tener un comienzo, pero

lo que es eterno no tiene comienzo. Por lo tanto, identificar a Cristo como el Hijo "engendrado" es exactamente lo contrario de llamarlo el "Hijo eterno".

El Libro de Hebreos incluso afirma que hubo un día específico que marcó el comienzo del Hijo de Dios.

Hebreos 1:5

"Porque ¿a cual los ángeles dijo Dios jamás: Mi Hijo eres tú, yo te he engendrado hoy, y otra vez: Yo seré a El Padre, y él será a mí Hijo?"

Además, la Biblia habla del día en que el cargo del Hijo dejará de existir.

1 Corintios 15:24-28

"Luego vendrá el fin; cuando haya entregado el reino al Dios y Padre; cuando haya abatido todo dominio y toda autoridad y poder. [25]Porque es menester que El reine, hasta que haya puesto a todos sus enemigos debajo de sus pies. [26]Y el postrer enemigo que será destruido es la muerte. [27]Porque todas las cosas sujeto debajo de sus pies. Pero cuando dice: todas las cosas son sujetadas a Él, claramente se exceptúa a Aquel que sujeto a Él todas las cosas [28]Y cuando todas las cosas le estén sujeta, entonces también el Hijo mismo se sujetara a Aquel que sujeto a Él todas las cosas, para que Dios sea todo en todos".

Si el Hijo tuvo un día específico en el que fue engendrado (o tuvo un comienzo) Y tendrá un día específico en el que "entrega" el reino (o termina Su cargo), entonces, por definición, el Hijo NO es "eterno". Una vez más, el término "Hijo" se refiere a "lo que nació de María" (según Lucas 1:35).

El propósito del Hijo era la redención (cumplida en el Calvario), la mediación (en curso hasta el rapto), retorno en gloria y el reinado de 1.000 años. Cuando todo esto sea completado, Dios (el Espíritu) será "todo en todos".

Al analizar el hecho de que el Hijo NO es eterno, es importante dirigirse a las supuestas referencias al Hijo que aparecen en el Antiguo Testamento. Como he mencionado, si el Hijo no existía en ese momento (al menos no como el Hijo), entonces debe haber una explicación válida para cualquier referencia en el Antiguo Testamento que utilice el término.

Sin ninguna duda, existe una explicación que en realidad es bastante simple. Cualquier pasaje que efectivamente menciona al Hijo de Dios en el Antiguo Testamento fue profético. Tal es el caso en el siguiente versículo de Proverbios.

Proverbios 30:4

"¿Quién subió al cielo, y descendió? ¿Quién encerró los viento en sus puños? ¿Quién ato las aguas en un paño? ¿Quién afirmo todos los términos de la tierra? ¿Cuál es su nombre, y el nombre de su hijo, si lo sabes?"

Para interpretar correctamente este versículo, es importante considerar el contexto en el que fue escrito. Para hacerlo, uno debe, por supuesto, prestar atención al primer versículo de este capítulo.

Proverbios 30:1

"Palabras de Agur, hijo de Jaque; la profecía que dijo el varón a Itiel, a Ithiel y a Ucal",

El escritor identifica claramente este pasaje como "la profecía". No estaba hablando de cosas que existían en el presente. Estaba hablando proféticamente de las cosas que estaban por venir.

Otros pasajes en el Antiguo Testamento que parecen referir al Hijo, pero que no son de naturaleza profética, generalmente son incomprendidos (como muchos), e incluso mal interpretados. Un estudio detallado de estos versículos mostrará al estudiante minucioso de las Escrituras que estos NO mencionan, realmente, al Hijo como un ser en existencia en ese momento.

Un ejemplo de un verso frecuentemente citado (pero mal interpretado) proviene del Libro de Daniel. Aquí, la Biblia cita al rey Nabucodonosor diciendo que vio la figura del cuarto hombre en el horno ardiente "semejante al Hijo de Dios. "

Daniel 3:25

Respondió el y dijo: He aquí yo veo cuatro varones sueltos, que se pasean en medio del fuego, y ningún daño hay en ellos; y el parecer del cuarto es semejante al Hijo de Dios.

Para entender correctamente este versículo, recuerde quién está hablando. Nabucodonosor era un rey pagano que no tenía concepto de "el Hijo de Dios" (de la manera en la que el término se usa en el Nuevo Testamento). Es desafortunado que alguna traducción se lea de esa manera, especialmente porque en el Hebreo original se lee así: "la semejanza del cuarto es como un hijo de los dioses!"

Como pagano, Nabucodonosor adoraba a muchos dioses falsos. Lo que vio ese día se semejaba a un hombre ("un hijo"), pero obviamente reflejaba la Deidad ("los dioses").

Para que el Hijo de Dios (quien "nació de una mujer") existiera en el Antiguo Testamento (o antes), la mujer de la que fue "engendrado" también tendría que haber existido en ese momento. Por lo tanto, un Hijo preexistente requiere haber tenido ¡una madre preexistente!

Conforme concluyo este capítulo, permítame recordarle algo importante. Basado en el segundo principio presentado para ayudarle a entender la Deidad, cuando leemos "Padre", debemos pensar inmediatamente "Espíritu" o Deidad. De la misma manera, cuando leemos "Hijo", debemos pensar inmediatamente "Carne" o Humanidad. Este es, entonces, el tercer principio en la comprensión de la Deidad: *EL HIJO NACIO DE UNA MUJER Y FUE, POR LO TANTO, CARNE.*

CAPÍTULO 4
DIOS EN CRISTO

Si una persona tomara las cosas que he escrito en el Capítulo 3 sin continuar con lo que voy a examinar a continuación, fácilmente podría llegar a una conclusión errónea. Podría decidir que estoy afirmando que Jesucristo era SOLAMENTE un hombre. Sin embargo, eso está muy alejado de la verdad.

Este capítulo podría ser el capítulo más importante de este libro. Aquí, tengo el propósito de reunir no únicamente los tres principios discutidos anteriormente, sino que, con la adición del cuarto principio, ofrecer una explicación plena y completa del punto de vista bíblica de la Deidad (incluyendo la verdadera identidad de Jesucristo).

Vayamos a la segunda carta de Pablo a la iglesia de Corintio y encontremos allí una declaración clara y concisa que constituye la base de la verdad de las Escrituras concerniente a la Deidad. Al leer este versículo, les pido que apliquen una regla que di en el Capítulo 2, así como también la regla dada en el Capítulo 3. Estas dos reglas son:

(1) Cuando leemos Dios (o "el Padre"), debemos pensar inmediatamente "Espíritu".

(2) Cuando leemos "Cristo" (o "el Hijo"), debemos pensar inmediatamente "Carne".

2 Corintios 5:19

"De manera que Dios estaba en Cristo reconciliando consigo al mundo, no imputándole sus pecados, y nos encomendó la palabra de reconciliación".

Aplicando las reglas mencionadas anteriormente, podemos interpretar correctamente el versículo (como lo haría en la *Versión Revisada de Riggen,* si tal libro existiera): **"De manera que el Espíritu estaba en la Carne, reconciliando el mundo consigo MISMO."**

En lugar de que el Padre fuera una "persona" autónoma del Hijo, Pablo declaró que el Padre estaba EN el Hijo. Observe también que Dios y Cristo no estaban reconciliando el mundo con "ellos mismos". Utilizó el término singular "Mismo" para describir a Aquel de quien tenía carne externa (es decir, "el Hijo") fue morado por el Espíritu interno (es decir, "el Padre"). Por lo tanto, la Deidad puede ser explicada así: el Espíritu Eterno llamado El Padre se manifestó en carne conocido como el Hijo. El Espíritu en la carne obviamente hace un solo individuo. ¡Ese individuo es al que conocemos como Jesucristo!

Como dije en mi párrafo inicial, es erróneo decir que creo que Jesús era sólo un hombre. Según las Escrituras, Jesús era tanto Dios como hombre. En el exterior (Su humanidad), era el Hijo. En el interior (Su Deidad), ¡era el Padre!

El hecho de que Jesús fuera tanto Dios (el Padre) como hombre (el Hijo) es evidente en las siguientes referencias que describen claramente lo que se ha llamado Su "doble naturaleza:"

1. **Era un hombre.**

Juan 8:40

"Mas ahora procuráis matarme a mi, hombre que os he hablado la verdad, la cual he oído de Dios Abraham no hizo esto".

36

a. **Sin embargo, Tomás lo llamó "Dios. "**

Juan 20:28
"Y Tomás respondió, y le dijo: ¡Señor mío y Dios mío!"

2. **Los judíos dijeron correctamente: Él no tenía 50 años.**

Juan 8:57
"Le dijeron entonces los judíos: Aún no tienes cincuenta años, ¿y has visto a Abraham?"

a. **Sin embargo existió antes de Abraham.**

Juan 8:58
"Jesús les dijo: De cierto, de cierto os digo: Antes que Abraham fuese, yo soy".

3. **Crecía en sabiduría.**

Lucas 2:52
"Y Jesús crecía en sabiduría y estatura, y en gracia para con Dios y del hombre".

a. **Sin embargo, Pedro dijo que Jesús sabía "todas las cosas".**

Juan 21:17
"Le dijo la tercera vez: Simón, hijo de Jonás, ¿me amas? Pedro, entristecido de que le dijese la tercera vez: ¿Me amas? Le dijo: Señor, tú sabes todas las cosas; tú sabes que te amo. Jesús le dijo: Apacienta mis ovejas".

4. **Se le describe en varios pasajes como débil y cansado.**

2 Corintios 13:4
"Porque aunque fue crucificado en flaqueza, sin embargo vive por el poder de Dios. Pues también nosotros somos débiles en El, más viviremos con El por el poder de Dios para con

vosotros".

Juan 4:6

"Y estaba allí el pozo de Jacob. Entonces Jesús, cansado del camino, se sentó así junto al pozo, y era como la hora sexta".

a. Sin embargo, él mismo se describe como el Todopoderoso.

Apocalipsis 1:8

"Yo soy Alfa y la Omega, el principio y el fin, dice el Señor, el que es, y que era, y que ha de venir, el Todopoderoso".

5. Estuvo en la tierra.

Mateo 9:6

"Pues para que sepáis que el Hijo del hombre tiene potestad en la tierra de perdonar pecados (dijo entonces al paralitico): Levántate, toma tu leche, y vete a tu casa".

a. Sin embargo, dijo que estaba en el Cielo.

Juan 3:13

Y nadie subió al cielo, sino el que descendió del cielo, el Hijo del hombre que está en el cielo.

6. El oró.

Lucas 22:41

"Y Él se apartó de ellos como a un tiro de piedra, y puesto de rodillas oró".

a. Sin embargo, Él es el que responde a la oración.

Juan 14:14

"Si algo pidiereis en mi nombre, yo lo haré".

No debe ver a dos personas separadas en estos pasajes de las Escrituras. Más bien, ¡debe ver una Persona con dos naturalezas! Debido a eso, en cualquier momento Él podía actuar y hablar desde cualquiera de los dos diferentes puntos de vista: podía actuar y hablar como un hombre, o podía actuar y hablar como Dios.

Cuando lea acerca de los acontecimientos y declaraciones en la vida de Jesús, necesita preguntarse: "En este pasaje, ¿está actuando como Dios o actuando como hombre? ¿Está hablando como Dios o hablando como hombre?" El comprender esta dicotomía aparente es en realidad fácil cuando se ve a través de la perspectiva de Su doble naturaleza, como los siguientes ejemplos lo comprueban:

1.   Cuando Jesús dijo que la **carne es débil, habló como un hombre.**

Mateo 26:41
> *"Velad y orad, para que no entréis en tentación; el espíritu a la verdad está dispuesto, pero la carne es débil".*

a. Cuando dijo que todo el poder era suyo, habló como Dios.

Mateo 28:18
> *"Y Jesús vino y les habló, diciendo: Toda potestad me es dada en el cielo y en la tierra".*

2.   Cuando anduvo en el barco a través del mar, actuó como hombre.

Mateo 14:13
> *"Y oyéndolo Jesús, se apartó de allí en una barca a un lugar desierto, apartado; y cuando el pueblo lo oyó, le siguió a pie de las ciudades".*

a.   Cuando caminó sobre el agua, actuó como Dios.

Mateo 14:25
> *"Y a la cuarta vigilia de la noche, Jesús vino a ellos, andando sobre el mar".*

Job 9:8

"El solo extiende los cielos, y anda sobre las olas del mar":

3. **Cuando dijo: "Tengo sed", habló como un hombre.**

Juan 19:28

"Después de esto, sabiendo Jesús que ya todo estaba consumado, para que la Escritura se cumpliese, dijo: Tengo sed".

    a. **Cuando dijo: "Si alguno tiene sed, venga a mí y beba", habló como Dios.**

Juan 7:37

"En el último día, el gran día de la fiesta, Jesús se puso en pie y alzo su voz, diciendo: Si alguno tiene sed, venga a mí y beba".

4. **Cuando pidió ayuda en el jardín, actuó como hombre.**

Mateo 26:39

"Y yendo un poco más adelante, se postro sobre su rostro, y oró diciendo: Padre mío, si es posible, que pase de mí esta copa, pero no se haga mi voluntad, sino la tuya".

    a. **Cuando ayudó milagrosamente a los demás, actuó como Dios.**

Mateo 15:25

"Entonces ella vino y le adoró, diciendo: ¡Señor, socórreme!"

Mateo 15:28

"Entonces respondiendo Jesús, le dijo: ¡Oh mujer, grande es tu fe! Sea hecho contigo como quieres. Y su hija fue sanada desde aquella hora".

Aunque incluso algunos Trinitarios estarán de acuerdo en que

Jesús tenía una doble naturaleza, y tal vez incluso llegar a admitir que era Dios y hombre, con frecuencia se abstienen de una verdad muy importante. Debido a que Él era Dios (el Espíritu) y hombre (la carne), ¡Él era Padre e Hijo!

Sé que hay muchas personas que estarán en desacuerdo con esta última declaración. Sin embargo, puedo afirmar inequívocamente que cualquiera que no pueda aceptar que Jesús podría ser Padre e Hijo al mismo tiempo no tiene un problema conmigo – ¡tienen un problema con el profeta Isaías!

Isaías 9:6

"Porque un niño nos es nacido, hijo nos es dado, y el principado sobre su hombro, y se llamara su nombre Admirable, Consejero, Dios Fuerte, Padre Eterno, El Príncipe de Paz".

Aunque con frecuencia se cita este versículo, parece que la profundidad de la verdad que contiene se pasa por alto. ¡Este versículo está claramente comunicando acerca del Hijo que nacería, ¡y sin embargo Lo llama el Padre!

¿Cómo puede una persona ser tanto padre como hijo? Permítanme mostrarles algunos versículos que ayudarán a aclarar esto:

1. Él puede ser Padre e Hijo de la misma manera que puede ser Alfa y Omega, principio y fin, primero y último.

Apocalipsis 22:13

"Yo soy el Alfa y la Omega, el principio y el fin, el primero y el último".

2. Él puede ser Padre e Hijo de la misma manera que puede ser la Rosa de Saron como el Lirio de los Valles.

Cantares 2:1

"Yo soy la rosa de Saron, y el lirio de los valles".

3. Él puede ser Padre e Hijo de la misma manera que

puede ser la raíz de David como la linaje de David.

Apocalipsis 22:16

"*Yo Jesús he enviado mi ángel para daros testimonio de estas cosas en las iglesias. Yo soy la raíz y el linaje de David, la estrella resplandeciente de la mañana*".

a. Desearía agregar que esta es también la respuesta a la pregunta que Jesús hizo acerca de cómo Cristo puede ser tanto el hijo de David como su Señor.

Lucas 20:41-44

"*Entonces él les dijo: ¿Cómo dicen que el Cristo es hijo de David?* ⁴² *Pues el mismo David dice en el libro de los Salmos: Dijo el Señor a mi Señor: Siéntate a mi diestra,* ⁴³*Hasta que ponga a tus enemigos por estrado de tus pies.* ⁴⁴*David, pues, le llama Señor; ¿cómo entonces es su hijo?*"

b. Era el hijo de David según la carne, ¡pero Su Señor según el Espíritu!

4. Él puede ser Padre e Hijo de la misma manera que puede ser tanto el León de la Tribu de Judá como el Cordero de Dios.

Apocalipsis 5:5

"*Y uno de los ancianos me dijo: No llores. He aquí el León de la tribu de Judá, la raíz de David, ha vencido para abrir el libro y desatar sus siete sellos*".

Juan 1:29

"*El siguiente día vio Juan a Jesús que venía a él, y dijo: He aquí el Cordero de Dios, que quita el pecado del mundo*".

5. ¡ Él puede ser Padre e Hijo de la misma manera que puede ser el Sumo Sacerdote y el Sacrificio!

Hebreos 3:1

"Por tanto, hermanos santos, participantes del llamamiento celestial, considerad al apóstol y sumo sacerdote de nuestra profesión, Cristo Jesús';

Hebreos 9:28

"Así también Cristo fue ofrecido una sola vez para llevar los pecados de muchos; y aparecerá por segunda vez, sin relación con el pecado, para salvar a los que le esperan".

Ciertamente, Jesús era Dios y hombre, lo que significa que era Padre e Hijo. En Él, la humanidad y la Deidad se fusionaron, pero no se confundieron. Cuando tomó una naturaleza humana en Su encarnación, no dejó de ser Dios. Sin embargo, además de ser lo que siempre fue, Jehová Dios tomó una naturaleza humana.

El único Dios (que es Espíritu) tomó un manto de carne (llamado "el Hijo"). Como dijo Pablo: "Dios estaba en Cristo". ¡Esto explica el concepto bíblico de la Deidad de manera completa e ampliamente! Este es, entonces, el cuarto (y último) principio para entender a la Deidad: *EL ÚNICO DIOS (EL ESPÍRITU) ESTABA EN CRISTO (LA CARNE) EN LA PERSONA DE JESÚS.*

Antes de continuar con este estudio, hay algo que siento que debo afirmar. Les pido que, por favor, tengan esto claro: aquellos que abrazan esta doctrina Bíblica a menudo han sido malinterpretado por nuestros críticos. Éstos afirman que nosotros creemos que el Padre es el Hijo, o que el hombre Cristo Jesús fue Su propio Padre. Ninguna de estas acusaciones es cierta. Nosotros vemos una clara distinción entre el Padre y el Hijo, pero NO es una distinción en las personas.

Juan 14:10

"¿No crees que yo soy en el Padre, y el Padre en mí? las palabras que yo os hablo, no las hablo por mi propia cuenta, sino que el Padre que mora

en mí, el hace las obras".

Recuerden que el Padre es el Espíritu Eterno e Invisible. Recuerden que el Hijo es la carne visible que el Padre tomó. Puesto que el Espíritu no es la carne, no se puede decir que el Padre ES el Hijo. Lo que puedes decir con precisión es que Aquel que es el Padre también es el Hijo.

Esto nos lleva a otra falacia de la doctrina de la Trinidad. Con esto, me refiero a la enseñanza de que cada "persona separada y distinta" es "co-igual" con las otras "personas separadas y distintas". En ninguna parte el Hijo dijo que era igual al Padre. En cambio, dijo todo lo contrario.

Juan 14:28
"Habéis oído que yo os he dicho: Voy, y vengo a vosotros. Si me amarais, os habrías regocijado, porque he dicho que voy al Padre; porque el Padre mayor es que yo".

¡La declaración de Jesús es contraria a la creencia de dos personas "co-iguales"! Para aquellos que entienden la Unidad de la Deidad, no tenemos ningún problema con este versículo – de hecho, ¡confirma aún más nuestro mensaje! Cuando leemos Padre, pensamos en "Espíritu" y cuando leemos Hijo, pensamos en "carne". Por lo tanto, Jesús simplemente estaba diciendo: "Mi Espíritu es más grande que mi carne".

Por eso podemos decir que el Padre no es el Hijo, porque el Espíritu no es Carne. Sin embargo, el Padre y el Hijo no son dos personas diferentes. De la misma manera que usted tiene carne y espíritu (los cuales son distintos entre sí), pero su espíritu y carne no constituyen dos personas, lo mismo es con Cristo Jesús. Su carne (el Hijo) NO era Su Espíritu (el Padre), sin embargo, no son dos personas.

Me parece muy interesante que la mayoría de los Trinitarios dicen fácilmente que "Jesús es plenamente Dios", aunque se refieren a él como "Dios el Hijo". Mi pregunta para ellos es la siguiente: Si Jesús es "plenamente Dios", ¿hay algún título para Dios que no se pueda asignar a Jesús? Si usted puede encontrar algún título de Dios que no pueda asignarse a Jesús, ¡entonces Jesús no es "PLENAMENTE" Dios!

Mi siguiente pregunta es: ¿Puedes aplicar el título "Dios el PADRE" a Jesús? Si no, entonces no puedes decir que Jesús es "plenamente Dios".

No puedo comprender por qué es tan difícil para algunos decir que Jesús es tanto el Padre como el Hijo. Jesús ciertamente no tuvo ningún problema en hacerlo.

Cuando Felipe pidió ver al Padre, Jesús le respondió con una pregunta. Al hacer esta pregunta, Jesús reclamó enfáticamente el título de "el Padre".

Juan 14:9
"Jesús le dijo: ¿Tanto tiempo hace que estoy con vosotros, y aún no me has conocido, Felipe? El que me ha visto a mí, ha visto al Padre; ¿cómo, pues, dices, tu: Muéstranos al Padre?"

Felipe no había pedido ver una representación del Padre. No dijo que quería ver a alguien con las características y cualidades del Padre. Pidió VER A EL PADRE. En respuesta, Jesús le preguntó a Felipe cómo era que Felipe había pasado tanto tiempo con él y, sin embargo, no sabía quién Él era. La respuesta fue clara y concisa: "Cuando me has visto, has visto al Padre".

Tal vez uno de los motivos por la que Jesús parece contestar esta pregunta de manera tan sencilla fue porque ya se había identificado de la manera anteriormente. Observe su declaración registrada cuatro capítulos antes de la pregunta de Felipe.

Juan 10:30
"Yo y mi Padre uno somos".

Jesús no dijo: "Yo y el Padre estamos de acuerdo en uno." No dijo: "Yo y el Padre somos dos de los tres que componen uno".

Dijo: "Yo y mi Padre somos uno". ¿Cuánto más claro podría ser?

El hecho es que, incluso antes de Su afirmación de la unidad con el Padre registrado en el capítulo 10, Jesús declaró que es esencial que los hombres crean que ¡Él es el Padre!

Juan 8:24

"Por eso os dije que moriréis en vuestros pecados; porque si no creéis que yo soy, en vuestros pecados moriréis".

La frase "Yo soy Él" en el Griego original es en realidad únicamente "Yo soy". En otras palabras, Jesús dijo abiertamente a los Judíos que Él era el Yo Soy - ¡El que había hablado a Moisés desde la zarza ardiente! ¡Por supuesto, decía ser el mismo Dios (el Padre) a quien sus antepasados habían adorado por siglos.

En caso de que no vea esto en el versículo 24, continue leyendo. Los versículos 25 y 27 explican con tal detalle para que no exista duda.

Juan 8:25

"Entonces le dijeron: ¿Tú quién eres? Y Jesús les dijo: El [mismo] que os he dicho desde el principio".

Juan 8:27

"Pero no entendieron que les hablaba del Padre".

Cuando le preguntaron quién era Él, simplemente respondió que consistentemente les había dado la misma respuesta. Cuando Juan escribió esta historia, estaba divinamente inspirado para proporcionar una aclaración completa y definitiva sobre la respuesta correcta concerniente a Quién era Jesús. A pesar de que los Judíos "no entendieron", Juan quería cerciorarse de que sus lectores comprendieran que la respuesta que Jesús dio, era que ¡Él era el Padre.

De hecho, fue Su reiteración de esta declaración lo que

enfureció a los Judíos ¡hasta el punto de querer apedrearlo!

Juan 8:56-59

"Abraham vuestro padre se gozó de que había de ver mi día, y lo vio, y se gozó. [57]Entonces le dijeron los judíos: ¿Aún no tienes cincuenta años, y has visto a Abraham? [58]Jesús les dijo: De cierto, de cierto os digo: Antes de que Abraham fuese, yo soy. [59]Tomaron entonces piedras para arrojárselas, pero Jesús se escondió, y salió del templo, y atravesando por en medio de ellos, se fue".

Los judíos querían apedrearlo porque (en sus mentes), era un hombre que trataba de "hacerse Dios" (leamos Juan 10:33). Curiosamente, era totalmente lo contrario – ¡este era Dios quien se había hecho hombre!

1 Timoteo 3:16

"Y sin contradicción, grande es el misterio de la piedad: Dios fue manifestado en carne, justificado en el Espíritu, visto de los ángeles; predicado a los Gentiles, creído en el mundo, recibido arriba en gloria".

Hasta aquí, debe ser bastante obvio para todo lector que el Hijo de Dios en el Nuevo Testamento era la manifestación en carne de Jehová Dios del Antiguo Testamento. El Padre y el Hijo no son dos personas separadas. En lugar, el Hijo era la imagen visible (carne) del Dios invisible (Espíritu).

Colosenses 1:15

"El cuál es la imagen del Dios invisible, el primogénito de toda criatura".

Para cerrar este capítulo, permítanme proporcionarles un breve resumen de los cuatro principios de las Escrituras que explican la Deidad:

(1) Sólo hay un Dios.

Deuteronomio 6:4

"Oye, Israel: Jehová nuestro Dios, Jehová uno es".

(2) Dios (el Padre) es Espíritu.

Juan 4:24

"Dios es Espíritu, y los que le adoran, en espíritu y en verdad es necesario que le adoren".

(3) Cristo (el Hijo) nació de María y, por lo tanto, fue carne.

Lucas 1:35

"Y respondiendo el ángel le dijo: El Espíritu Santo vendrá sobre ti, y el poder del Altísimo te cubrirá con su sombra, por lo cual también lo Santo que de ti nacerá, será llamada el Hijo de Dios".

(4) Dios (el Espíritu) estaba en Cristo (la carne).

2 Corintios 5:19

"De manera que Dios estaba en Cristo reconciliando consigo al mundo, no imputándole sus pecados; y nos encomendó la palabra de reconciliación".

Sobre la base de estos cuatro principios, es claro que no hay tres personas en la Deidad. Aunque los Trinitarios enseñan que Jesús está en la Deidad, el Apóstol Pablo no enseñó tal concepto.

Colosenses 2:9

"Porque en Él habita corporalmente toda la plenitud de la Deidad,".

En lugar de enseñar que Jesús está en la Deidad, Pablo dijo que la Deidad está en Jesús!

Aunque los Trinitarios dicen que Jesús es la "Segunda Persona en la Deidad", ¡Jesús nunca se llamó a Sí mismo el "segundo"! Sin embargo, dijo lo siguiente:

Apocalipsis 22:13
"Yo soy el Alfa y la Omega, el principio y el fin, el primero y el postrero".

Permítanme concluir diciendo que prefiero que las personas no me identifiquen como creyente de "Sólo Jesús". Esto implica que niego al Padre y al Espíritu Santo, lo cual no hago. Más bien, prefiero identificar lo que creo como "¡Jesús TODO!"

CAPÍTULO 5
PROPORCIONAR MÁS PRUEBAS

Cualquiera que entienda, acepte y aplique los cuatro principios establecidos hasta aquí, debe ciertamente llegar a la perspectiva verdadera de las Escrituras sobre la Deidad. Ahora, quiero enfocarme en algunos pasajes Bíblicos que confirman lo que he escrito hasta aquí. Al hacerlo, espero solidificar en la mente del lector el hecho de que la doctrina de la trinidad es contraria a la verdadera enseñanza bíblica. Dios NO es "tres personas separadas y distintas". Más bien, Dios es un Espíritu Quien se manifiesta en el cuerpo carnal del hombre Cristo Jesús.

EJEMPLO 1: EL PLAN DE DIOS

La Biblia declara que el plan de redención de Dios NO fue una idea de último momento. El Señor no se sorprendió ni se asombró cuando Adán pecó en el jardín. Él sabía lo que acontecería y ya tenía un plan con el cual podría redimir a la humanidad. Esta es el motivo por el que Jesús fue llamado "el Cordero fue inmolado desde la fundación del mundo."

Apocalipsis 13:8
"Y le adorarán todos los moradores de la tierra cuyos nombres no están escritos en el libro de vida del Cordero, fue inmolado desde la

fundación del mundo".

Por supuesto, no fue literalmente "sacrificado" desde el principio. Fue inmolado en la mente de Dios, en el pre-conocimiento de Dios.

Cuando el apóstol Juan escribió su evangelio, lo hizo en parte para desacreditar ciertas filosofías y doctrinas falsas que ya habían surgido en cuanto a la Persona de Jesucristo. En su declaración inicial, proclamó enfáticamente quién era Jesús.

Juan 1:1
"En el principio era el Verbo, y el Verbo era
con Dios, y el Verbo era Dios. ".

La palabra "Verbo" aquí se traduce del griego "*logos*", lo cual denota más de un término que es expresado. Expresa razón, conceptos, pensamientos, doctrina, propósito, ideas y la expresión y finalización de la voluntad de alguien. Los estudios de *Vincent's Word* dicen que expresa tanto un pensamiento interior, como la forma externa por la cual se expresa ese pensamiento.[7]

Creo que la mejor definición de "*logos*" es "un plan", o, de manera más específica, un plano. En otras palabras, es un plan detallado sobre el cual y por el cual se construye una estructura. Por lo tanto, la *versión revisada de Riggen* diría: "En el principio, Dios tenía un plan. El plan estaba con Dios, ¡y el plan era Dios!"

Ante que Dios puso "la fundación del mundo", ya tenía un plan para la humanidad con el cual salvaría al hombre caído, pero requería derramamiento de sangre.

Hebreos 9:22
"Y casi todo es purificado según la ley con
sangre; y sin derramamiento de sangre no hay
remisión".

---

[7] VINCENT, M. R. (1924). *Estudios de palabras en el Nuevo Testamento.* Nueva York, Scribner.

En vista de que Dios es un Espíritu (que no tiene sangre), algo tenía que suceder para que este plan se cumpliera. Afortunadamente, Juan continúa en su Evangelio narrando lo que sucedió.

Juan 1:14

"Y el Verbo fue hecho carne, y habitó entre nosotros, (y vimos su gloria, gloria como del unigénito del Padre), lleno de gracia y de verdad".

La representación literal de este versículo es "La Palabra se hizo carne". Para que Dios – Quién era el plan – cumpliera el plan, ¡fue manifestado (o revelado) en carne!

1 Timoteo 3:16

"Y sin contradicción, grande es el misterio de la piedad: Dios fue manifestado en carne; justificado en el Espíritu; visto de los ángeles, predicado a los gentiles, creído en el mundo, recibido en gloria".

El Dios del Cielo no cesó de ser lo que siempre había sido: el Espíritu Eterno, Omnipresente, Omnisciente y Omnipotente. Ahora, sin embargo, se convirtió en algo más en ADICIÓN a lo que siempre había sido. Se convirtió en lo que somos para hacernos más como Él. ¡Para cumplir Su plan, la Deidad estaba vestida de humanidad!

Esto no fue una cuestión de que una persona divina enviara a otra persona. ¡Más bien, fue el MISMO Divino tomando sobre sí carne humana con el propósito de redimir al hombre pecador!

Aunque a muchas personas les encanta citar a Juan 3:16 para explicar el amor de Dios hacia nosotros, yo enfatizo que no podemos entender Juan 3:16 sin usar 1 Juan 3:16 como la clave. Comparemos lo que el apóstol dijo en estos dos versículos.

Juan 3:16

"Porque de tal manera amó Dios al mundo,

que ha dado a su Hijo unigénito, para que todo
aquel que en El cree, no se pierda, más tenga vida
eterna".

1 Juan 3:16
"En esto conocemos el amor de Dios, en que
Él puso su vida por nosotros; también nosotros
debemos poner nuestras vidas por los
hermanos".

En su evangelio, Juan citó a Jesús diciendo que "Dios... ha dado a su ... Hijo." En su epístola, declaró que "Dios... puso su vida para nosotros. La única manera de interpretar estos dos versículos para que NO se contradigan es entender que el "Hijo" del que se habla en Juan 3:16 ¡era el cuerpo carnal habitado por Dios Padre! Ciertamente, Dios dio a Su Hijo y de ese modo dio Su propia vida.

Cuando entendemos que Dios al manifestarse Él mismo en un manto de carne y luego dejando esa vida para salvarnos fue el cumplimiento del plan de Dios, uno puede captar más fácilmente las palabras de Jesús en Su oración en el aposento alto. Durante esa oración, Jesús habló de la gloria que tenía "antes de que el mundo fuese".

Juan 17:5
"Y ahora, oh Padre, glorifícame tu contigo
mismo, con la gloria que tuve contigo antes de
que el mundo fuese".

Esa "gloria" no era como una segunda persona coigual y coeterno con el Padre. ¡La gloria que el Hijo tenía desde la fundación del mundo estaba en la mente *(es decir,* el conocimiento previo) de Dios! Era parte de los *"logos"* de Dios – ¡Su plan que estaba con El en el principio!

Por favor considere algo, y sea honesto con usted mismo con respecto a la respuesta a la siguiente pregunta. ¿Cuánto amor se necesita para que una persona envíe a una persona diferente a morir? La respuesta es simple: ¡no se necesita casi tanto como si la persona fuera sí mismo! El Padre no le dijo al Hijo que fuera y muriera por nosotros. ¡El Padre tomó Él mismo carne humana para poder hacerlo Éll mismo! Como se lee en Juan 1:1: "¡El [Plan] era Dios!" Eso, amigos míos, ¡es amor VERDADERO!

EJEMPLO 2: LA PROFECÍA DE JOEL

En el día de Pentecostés, cuando los espectadores asombrados comenzaron a dudar, preguntaban y se burlaban de lo que veían, comenzaron a preguntar: "¿Qué significa esto?" (Hechos 2:12). En respuesta, Pedro declaró inequívocamente que lo que acababa de suceder era el cumplimiento de la profecía de Joel.

Hechos 2:14-18

"Entonces Pedro, poniéndose de pie con los once, alzo su voz, y les hablo diciendo: Varones judíos, y todos los que habitáis en Jerusalén, esto os sea notorio, y oíd mis palabras. [15]Porque estos no están borrachos, como vosotros pensáis, siendo apenas la hora tercera del día. [16]Mas esto es lo que fue dicho por el profeta Joel: [17]Y será que en los postreros días, dice Dios: Derramaré de mi Espíritu sobre toda carne; y vuestros hijos y vuestras hijas profetizarán; Y vuestros jóvenes verán visiones; y vuestros ancianos soñarán sueños: [18]Y de cierto sobre mis siervos y sobre mis siervas derramaré de mi Espíritu en aquellos días, y profetizaran".

No puede haber ningún debate sobre el hecho de que este derramamiento del Espíritu de Dios era lo mismo sobre lo cual el profeta Joel había escrito siglos antes. Habiendo establecido esto, examinemos la profecía misma.

Joel 2:28

"Y será que después de esto, derramaré mi

Espíritu sobre toda carne, y profetizarán vuestros hijos y vuestras hijas; vuestros ancianos soñarán sueños, y vuestros jóvenes verán visiones ".

Podrá notar inmediatamente que lo que Dios dijo por medio de Joel fue que derramaría Su espíritu "después". Según esta profecía, iba a haber algún acontecimiento que precedería el derramamiento Pentecostal. Sólo vendría "después", pero ¿después de qué? La respuesta a esa pregunta está en el versículo anterior.

Joel 2:27
"Y conoceréis que en medio de Israel estoy yo, y que yo soy Jehová vuestro Dios, y no hay otro: y mi pueblo nunca más será avergonzado ".

Leamos atentamente el versículo 27. "SEÑOR" en el original es "Jehová" (el nombre por el cual Dios se identificó a los patriarcas del Antiguo Testamento), y "Dios" es "Elohim" (el término utilizado para identificar al Creador en Génesis 1:1). Por lo tanto, este versículo dice que "Jehová tu Elohim" estaría "en medio de Israel".[8]

Entonces, el versículo 28 nos dice que el Espíritu sería derramado después de que se cumpliera lo que se dijo en el versículo 27; es decir, DESPUÉS de que Jehová Elohim haya estado "en medio de Israel." Sabemos que Dios no puede mentir (miremos Hebreos 6:18), por lo que Jehová Elohim DEBE HABER ESTADO en medio de Israel en algún momento ANTES

---

[8] Es preciso señalar que en la mayoría de las Biblias King James, cuando se lee un pasaje del Antiguo Testamento en el que la palabra "Señor" aparece en letra mayúscula (como lo hace en Joel 2:27), se imprimió de esa manera siguiendo lade los traductores. Querían distinguir esta palabra "Señor" de cualquier otra palabra Hebrea traducida de la misma manera. Cuando aparece en todas mayúsculas, es para que el lector pueda reconocer fácilmente que la palabra original utilizada fue la palabra que ahora pronunciamos como "Jehová".

del Día de Pentecostés.

Los judíos ciertamente no consideraban a Jehová Elohim como una tri-unidad de personas. Ellos sabían que era El único y solo Dios de Israel. Joel, escribiendo bajo la inspiración del Espíritu Santo, dijo que sería ese mismo Dios quien estaría presente en Israel antes de que Su Espíritu se derramase sobre ellos.

Justo antes del acontecimiento que Pedro identificó como el cumplimiento de Joel 2:28, Jesús había estado literalmente "en medio de Israel". Por lo tanto, es obvio que Jesús no era otro sino "¡Jehová Elohim!" No era "Jehová Jr." – ¡Era Jehová Elohim!

La confirmación de que Jesús es Jehová Elohim se encuentra en los escritos de los profetas del Antiguo Testamento. Un ejemplo se encuentra en Zacarías.

Zacarías 12:10

"Y derramaré sobre la casa de David, y sobre los moradores de Jerusalén, el espíritu de gracia y de oración; y mirarán a mí, a quién traspasaron, y harán llanto sobre El, como llanto sobre unigénito, afligiéndose sobre El cómo quien se aflige sobre primogénito".

El que habla por medio de Zacarías dice que llegará el día en que "mirarán a MÍ a quien han traspasado." El Orador ya se había identificado a sí mismo en los primeros versículos del capítulo.

Zacarías 12:1

" Carga de la palabra de Jehová acerca de Israel, Jehová, que extiende los cielos, y funda la tierra, y forma el espíritu del hombre dentro de él, ha dicho":

Al igual que en Joel 2:27, la palabra "Señor" es en realidad "Jehová". Jehová fue Aquel que "extiende los cielos, y funda la tierra, y forma el espíritu del hombre dentro de él." En otras palabras, ¡Jehová es simplemente otro nombre para el Elohim de

Génesis 1!

Cuando tomas Zacarías 12:1 (donde Jehová dice que Él creó todo) y lo combinas con el versículo 10 (donde dice que será traspasado), puede llegar a una sola conclusión racional. Estos versículos nos muestran sin lugar a dudas que Aquel que sería traspasado era Jehová Elohim. Ese, Jesucristo, no era otro sino el Creador del Universo: ¡el único Dios Verdadero!

EJEMPLO 3: JEHOVÁ, MI SALVADOR

En este tercer ejemplo, construiremos en la misma premisa que se encuentra en la anterior. Esta vez esperamos proporcionar una identificación aún más clara para el Jehová del Antiguo Testamento.

Para hacerlo, comencemos con algo que se encuentra en el Libro del Éxodo. Inmediatamente después de su liberación de los egipcios, Moisés y los hijos de Israel cantaron un canto interesante.

Éxodo 15:2

"Jehová es mi fortaleza y mi canción, y Él ha sido mi salvación: Este es mi Dios, y le prepararé morada; Dios de mi padre, le exaltaré".

En su coro de acción de gratitud y alabanza, Moisés y los Hijos de Israel hablaron de Jehová (tome en cuenta que la palabra "Jehova" está en letras mayúsculas) como su fuerza y su canto. Entonces, cantaron juntos que "Él [Jehová] se ha convertido en mi salvación". Esta misma declaración se hace dos veces en el Libro de los Salmos.

Salmos 118:14

"Mi fortaleza y mi canción es Jehová; y Él ha sido mi salvación".

Salmos 118:21

"Te alabare porque me has oído, y has sido mi

salvación".

Moisés y el salmista no fueron los únicos que describieron a Jehová de esta manera. Dos veces en un versículo, Isaías también habla de ello.

Isaías 12:2

"He aquí Dios es mi salvación; confiare, y no temeré; porque mi fortaleza y mi canción es JAH Jehová, el cual ha sido mi salvación".

Mirando el hebreo original, hay una hermosa visión de estos versículos que nuestra Biblia en inglés nos ha ocultado. La palabra "salvación" en cada uno de los pasajes antes mencionados es la palabra hebrea *"Yeshua".*

Si esa palabra suena familiar, no es de extrañar - ¡es el mismo nombre dado al Mesías! Como puede ver, "Yeshua" es la forma hebrea del nombre en inglés "Jesús".

Con esto en mente, volvamos y consideremos exactamente lo que se dijo. En Éxodo 15:2, Salmos 118:14 y Salmos 118:21, encontramos: "Jehová es mi fuerza y canto, ¡y Él se ha convertido en mi Jesús!"

En Isaías 12:2, leemos: "He aquí, Dios es mi Jesús; Confiaré, y no temeré porque JEHOVAH es mi fuerza y mi canción; también se ha convertido en mi Jesús! ¿Cuánto más claro puede ser?

EJEMPLO 4: EL TRONO CELESTIAL

En nuestro último ejemplo, pasamos al último libro del Nuevo Testamento, el Libro del Apocalipsis. Aquí, leemos acerca de un tiempo en el cual se le dio a Juan una visión del Cielo. Nuestro ejemplo se basa en lo que vio.

Apocalipsis 4:2

"Y al instante estaba yo en el Espíritu; y he aquí, un trono que estaba puesto en el cielo, y uno

sentado sobre el trono ".

Juan vio UN trono y UNO sentado en el trono. Con respecto a este versículo, un comentarista escribió: "No es fácil determinar a quién se refiere. Que el que está sentado en el trono no es ni Jesús ni el Espíritu Santo es de hecho obvio ... Pero, ¿es el Padre o el Dios Trino?"[9]

No puedo entender por qué parece tan "evidente" que el que esta "Sentado" no es Jesús. Además, ¿cómo podría el que está "Sentado" (singular) ser el "Dios Trino" (tres personas) sentado en UN trono? Como mencioné en la Introducción, leyendo lo que escriben los intelectuales que se adhieren a la doctrina trinitaria, uno comienza a entender por qué llegan a la conclusión de que ¡es un "misterio más allá de la comprensión!"

Dado que sólo había UN trono, me parece que estaría demasiado repleto si los miembros de la Trinidad estuvieran todos sentados en el mismo trono. La realidad es que Juan vio exactamente lo mismo que Isaías había visto siglos antes: un trono y Uno sentado en ese trono.

Isaías 6:1

"En el año que murió el rey Uzías vi yo al Señor sentado sobre un trono alto y sublime, y el borde de su vestidura llenaba el templo ".

Isaías, al igual que Juan, vio a UNO sentado sobre **"Un trono"**, (es *decir,* ¡UNO)! Al que Isaías vio en ese trono fue identificado en el versículo 3.

Isaías 6:3

"Y el uno al otro daba voces, diciendo: Santo, santo, santo, Jehová de los ejércitos; toda la tierra está llena de su gloria ".

---

[9] SCHAFF, P. (1883). *Un comentario popular sobre el Nuevo Testamento.* Edimburgo, T. & T. Clark.

Isaías vio a Jehová en el trono. Debe ser evidente, entonces, que Al que Juan vio sentado en ese trono también sería Jehová. De hecho, los ángeles fueron citados en Apocalipsis alabando a Aquel en el trono con las mismas palabras que Isaías los oyó decir.

Apocalipsis 4:8

"Y los cuatro seres vivientes tenían cada uno seis alas alrededor; y por dentro estaban llenos de ojos; y no reposaban día y noche, diciendo: Santo, santo, santo, Señor Dios Todopoderoso, que era, y que es, y que ha de venir".

Con el fin de ayudar al autor antes mencionado, tal vez también debe señalarse que los versículos 9 y 10 se refieren al que está "Sentado" usando el pronombre singular. Las criaturas angelicales NO están adorando a "los", sino que ¡Ellos adoran AL!

Apocalipsis 4:9-11

"9 Y cuando aquellos seres vivientes dan gloria y honra y gracias al que está sentado en el trono, al que vive para siempre jamás, 10 los veinticuatro ancianos se postran delante del que está sentado en el trono, y adoran al que vive para siempre jamás, y echan sus coronas delante del trono, diciendo: 11 Señor, digno eres de recibir la gloria y la honra y el poder; porque tú creaste todas las cosas, y por tu placer existen y fueron creadas".

Si el que está "Sentado" en el trono era "el Dios Trino", entonces Apocalipsis 5 presenta un verdadero problema. Si tres personas divinas (Padre, Hijo y Espíritu Santo) estaban sentadas en el trono del Cielo, entonces QUIÉN, digame, ¿es El que toma el libro y se llama "el León de la Tribu de Juda" y "la Raíz de David?" Si el Hijo es uno de los tres sentados, entonces no puede ser el que toma el libro, ¡a pesar de que el versículo 6 lo llama el "Cordero!"

Apocalipsis 5:1-9

"Y vi en la mano derecha del que estaba sentado sobre el trono un libro escrito por dentro y por atrás, sellado con siete sellos. ²Y vi a un ángel fuerte proclamando en alta voz: ¿Quién es digno de abrir el libro, y de desatar sus sellos? ³Y ninguno, ni en el cielo ni en la tierra ni debajo de la tierra, podía abrir el libro, ni aun mirarlo. ⁴Y yo lloraba mucho, porque ninguno fue hallado digno de abrir el libro, ni de leerlo, ni de mirarlo. ⁵Y uno de los ancianos me dijo: No llores; he aquí el León de la tribu de Judá, la raíz de David, que ha vencido para abrir el libro y desatar sus siete sellos ⁶Y miré; y, he aquí, en medio del trono y de los cuatro seres vivientes, y en medio de los ancianos, estaba en pie un Cordero como inmolado, que tenía siete cuernos y siete ojos, que son los siete Espíritus de Dios enviados a toda la tierra. ⁷Y Él vino, y tomó el libro de la mano derecha de Aquél que estaba sentado en el trono. ⁸Y cuando hubo tomado el libro, los cuatro seres vivientes y los veinticuatro ancianos se postraron delante del Cordero, teniendo cada uno arpas, y tazones de oro llenos de perfumes, que son las oraciones de los santos. ⁹Y cantaban un cántico nuevo, diciendo: Digno eres de tomar el libro y de abrir sus sellos; porque tú fuiste inmolado, y nos has redimido para Dios con tu sangre, de todo linaje y lengua y pueblo y nación;";

Este pasaje es quizás una de los más hermosos- y poderosas -imágenes de lo mismo que describí en la sección que describe el plan de Dios. Al principio, Juan ve a Jehová en el trono sosteniendo un libro en Su mano. Cuando el ángel preguntó si alguien era digno de abrir el libro, Juan "lloró mucho" porque en ese momento "ningún hombre... se había sido digno".

Como Espíritu, Jehová no podía derramar la sangre necesaria para redimirnos. Sin embargo, apareció Uno en la escena (engendrado, por así decirlo), habiendo "prevalecido" para poder "abrir el libro". Uno, el cual era el León de Judá, la Raíz de David, el Cordero de Dios, porque fue "inmolado, y nos ha redimido... por [Su] sangre".

Este pasaje no sólo DESCREDITA la teoría de que un "Dios Trino" está sentado en el trono, sino que también CONFIRMA la fundamento de la necesidad de que Dios sea manifestado en carne. Fue a través del sacrificio de Su carne y el derramamiento de Su sangre por lo cual Él pudo consumar con el requisito de la redención y así proveer salvación para todos.

CAPÍTULO 6
RESPUESTA A PREGUNTAS

En este capítulo, quiero abordar algunas de las preguntas que me han hecho los que creen en la Trinidad. Creo que es imperativo (de hecho, lo veo como un mandato apostólico) que estemos preparados para dar respuestas a quienes las buscan con sinceridad.

El motivo por lo que me refiero a esto como "un mandato apostólico" es debido a lo que Pedro escribió en su epístola. El apóstol Pedro nos instruyó a "estad siempre preparados para responder con mansedumbre y temor todo el que os demande".

1 Pedro 3:15
"Pero santificad al Señor Dios en vuestros corazones, y estad siempre preparados para responder con mansedumbre y temor todo el que os demande razón de la esperanza que hay en vosotros";

El Dr. Albert Barnes dijo que la frase "estar siempre preparados" significa que debemos "a) ser siempre capaces de hacerlo; tened tales razones de la esperanza que hay en usted que puedan ser expresadas; o, tener razones buenas y sustanciales; y, b) Estar dispuesto a exponer esas razones en toda oportunidad apropiada."[10]

En otras palabras, tenemos la responsabilidad de dedicarnos a estudiar hasta estar adecuadamente preparados para responder a cualquiera persona con deseos de comprender lo que creemos. Pablo estuvo de acuerdo con esto.

2 Timoteo 2:15
"Estudia con diligencia para presentarte a Dios aprobado, como obrero que no tiene de que avergonzarse, que traza bien la palabra de verdad".

Aun así, como dijo el Dr. Barnes, no sólo debemos ser capaces de "dar una respuesta", sino que también debemos estar dispuestos a hacerlo. La habilidad no tiene sentido sin la voluntad de usarla.

Por cierto, "respuesta", es la palabra griega de la que obtenemos la palabra en inglés "disculpa". Sin embargo, la palabra griega lleva una connotación diferente a nuestra palabra que la palabra en inlgés. En griego, la idea no es proporcionar una excusa por hacer algo mal, sino que se usa para proporcionar una defensa de lo que es correcto para aquellos que piensan que está mal. La misma palabra griega utilizada aquí se traduce "defensa" en Hechos 22:1, Filipenses 1:7 y 17; y "respuesta" en Hechos 25:16, 1 Corintios 9:3, 2 Timoteo 4:16 y 1 Pedro 3:15.

Por lo tanto, la Biblia nos dice que debemos estar preparados para defender nuestro mensaje. De hecho, Judas expresó esta misma idea en términos aún más fuertes.

Judas 1:3
"Amados, por la gran solicitud que tenia de escribiros tocante a la común salvación, me ha sido necesario escribiros exhortándoos a que

---

[10] BARNES, A., Murphy, J. G., Cook, F.C., Pusey, E.B., Leupold, H.C., & Frew, R., (1996). *Notas de Barnes.* Grand Rapids, Michigan: Baker.

66

*contendáis ardientemente por la fe que ha sido
una vez dada a los santos".*

La Biblia inglesa común dice: "Debo escribir para instarte a
luchar por la fe". La Versión Estándar Internacional dice: "Me
pareció necesario escribirte e instarte a continuar tu vigorosa
defensa de la fe".[11][12]

Por lo tanto, el propósito de este capítulo es ayudar a equipar
a aquellos que aceptan la verdad Bíblica concerniente a la Deidad.
Por supuesto, también tiene la intención de instruir (o refutar) a
aquellos que no lo hacen.

PREGUNTA 1: LA PLURALIDAD DE SUSTANTIVOS Y PRONOMBRES

A los trinitarios a menudo les gusta señalar que uno de los
títulos hebreos más comunes para Dios es "Elohim", que en
realidad es una forma plural de la palabra "El", significando
"Dios". Su pluralidad no puede ser negada; de hecho, la palabra
en ocasiones se traduce como "dioses".

Mientras están en lo correcto en su evaluación, el error que
cometen es asumir que el uso de un sustantivo plural DEBE ser
indicativo de (en este caso) una pluralidad de personas en la
Deidad. Obviamente, este NO es el caso.

El término "Elohim" no sólo se utilizó para referirse a
Jehová. También se utilizó en referencia a Baal y Beelzebub.

Jueces 6:31
*"Y Joás respondió a todos los que estaban
junta a el: ¿contenderéis vosotros por Baal? ¿Le*

---

[11] *La Biblia común de estudio Bíblico Inglés.* (2011). Nashville: El Biblia
inglesa común.

[12] PRENSA DAVIDSON. (2003). La Santa Biblia: Versión Estándar
Internacional: Nuevo Testamento. Yorba Linda, CA, Davidson Press.

salvaréis vosotros? Cualquiera que contendiere por él, que muera mañana. Si es un dios, que contienda por sí mismo con el que derribo su altar".

2 Reyes 1:2

"Y Ocozías cayó por las celosías de una sala de la casa que tenía en Samaria; y estando enfermo envió mensajeros, y les dijo: Id, y consultad a Baal-zebub, dios de Ecrón, si he de sanar de esta mi enfermedad".

En ambos versículos, la palabra "dios" (refiriéndose a Baal en Jueces y a Baalzebub en 2 Reyes) fue traducida de la palabra plural "Elohim". ¿Se supone que el dios de los cananeos y el dios de los filisteos también eran una "Trinidad"? ¡Claro que no!

Además, como ya he señalado, las profecías que hablaban directamente de Jesús también usaban "Elohim". Para comprobar esto, leamos nuevamente lo que dice el profeta Zacarías.

Zacarías 11:4

"Así dice Jehová mi Dios; Apacienta las ovejas de la matanza";

Note a quién se identifica como el orador en la profecía de Zacarías. La traducción literal es: "Así dice Jehová mi Elohim."

Cuando llegamos a los versículos 12 y 13 de este capítulo, entonces, es TODAVIA es Elohim quien está hablando. Sin embargo, note lo que dice que Le sucederá.

Zacarías 11:12-13

"Y les dije: Si os parece bien, dadme mi salario; y si no, dejadlo. Y pesaron por mi salario treinta piezas de plata. [13]Y me dijo Jehová: Échalo al tesoro ¡hermoso precio con que me han apreciado! Y tomé las treinta piezas de plata, y las eché al tesoro en la casa de Jehová".

¿Se vendieron tres personas por treinta piezas de plata? ¡No!

Claramente el uso de "Elohim" fue una referencia a Jesús – ¡NO a una Trinidad!

Tres capítulos más tarde, Zacarías escribió acerca de otra cosa que Dios haría. Tenga en cuenta que se hará como "Elohim".

Zacarías 14:5

"Y huiréis al valle de los montes; porque el valle de los montes llegará hasta Azel; y huiréis de la manera que huisteis por causa del terremoto en los días de Uzías, rey de Judá: y vendrá Jehová mí Dios, y todos los santos con Él".

¿Vendrán tres personas? Una vez más, la respuesta es un fuerte, "¡NO!" La razón por la que podemos ser tan firmes en el hecho de que sólo uno vendrá, es porque esa es exactamente la manera en que el apóstol Pablo dijo que acontecería.

1 Tesalonicenses 3:13

"para que sean afirmados vuestros corazones en santidad, irreprensibles delante de Dios y Padre nuestro, para la venida de nuestro Señor Jesucristo con todos sus santos.".

Dado que el uso del sustantivo plural "Elohim" claramente no indica una pluralidad de personas en los pasajes anteriores, uno queda preguntarse lo que denota. La respuesta es que denota una pluralidad de majestad.

Recuerden que los judíos han utilizado el término "Elohim" por siglos y NUNCA lo han entendido para indicar una pluralidad en la Deidad. ¿Cómo es que los cristianos pueden ser tan para que sean afirmados vuestros corazones en santidad, irreprensibles delante de Dios y Padre nuestro, para la venida de nuestro Señor Jesucristo con todos sus santos. ¡La idea es cómica!

La pluralidad que se encuentra en Elohim se utiliza para significar el hecho de que Dios es tan inmenso en majestad y gloria que lo que términos singulares pudieran describir. La amplitud de Su poder y reino establecen que se le muestre un respeto que exceda lo que puede mostrarse hasta al más grande de los seres humanos. Para reflejar este concepto, el escritor del Antiguo Testamento a menudo se inspiró para describir este Solo Señor de Deuteronomio 6:4 en términos plurales. Es tan simple como eso.

Junto con este mismo concepto, consideremos algo bastante relacionado. En varias ocasiones no sólo me han preguntado sobre el uso del sustantivo plural "Elohim", sino muchas más veces sobre el uso de los pronombres plurales que se encuentran en la historia de la creación.

Génesis 1:26

"Y dijo Dios: Hagamos al hombre a nuestra imagen, conforme a nuestra semejanza; y señoree sobre los peces del mar, sobre las aves de los cielos, sobre las bestias, sobre toda la tierra, y sobre todo reptil que se arrastra sobre la tierra".

Basándose en este versículo, a menudo se discute que, dado que Dios habló usando pronombres plurales, debe haber más de una persona en la Deidad. Y aunque existen muchas opiniones diferentes sobre el uso de los pronombres plurales en este pasaje, yo personalmente permaneceré con el más simple (que también creo es el correcto).

Así como aprendimos que el sustantivo en plural "Elohim" no requiere una pluralidad de personas, debemos comprender que el mismo principio es verdadero con respecto a los pronombres plurales. El uso de pronombres plurales no muestra a un miembro de la Trinidad hablando a los demás; sino que, Dios estaba usando lo que se conoce como un "majestad plural".

Durante siglos, si un gobernante saludaba a una multitud, este no decía: "Estoy feliz de estar aquí", en lugar, decía: "Estamos felices de estar aquí". La pluralidad utilizada no era una de las personas, sino de majestad – el que hablaba, lo hacía en nombre de todo el reino que representaban.

Curiosamente, este uso todavía se practica en gran parte de África. Por ejemplo, si quieren mostrar el mayor respeto a un anciano, no se refieren a esa persona como "él" o "ella", sino que se refieren a "ellos", aunque sólo es una persona a la que se dirije.

Afortunadamente, usted no tiene que tomar simplemente mi palabra para el hecho de que el uso de "nosotros" y "nuestro" no indican una conversación entre varias personas. Uno sólo tiene que ir al siguiente versículo en Génesis para confirmar aún más la explicación que he dado.

Génesis 1:27
"Y creó Dios al hombre a su imagen, a imagen de Dios lo creó; varón y hembra los creó".

Observen que este versículo NO dice, "lo crearon ELLOS", sino que "los creó". Aunque Dios habló en pluralidad, ¡actuó en singularidad!

Me gustaría decir en este punto que, a pesar de cómo algunas personas ven este versículo, no creo que Dios estuviera consultando con los ángeles. Él no dijo: "Mírenme crear al hombre". Él dijo: "Hagamos el hombre", lo que significaría que los invitaría a participar en la creación. La Escritura dice claramente que esto NO sucedió, puesto que el Libro de Isaías nos informa que UN Ser sirvió como Creador.

Isaías 44:24
"Así dice Jehová, tu Redentor, y el que te formó desde el vientre: yo Jehová, que lo hago todo, que extiende solos los cielos, que extiende la tierra por mí mismo";

Jehová declaró inequívocamente que actuó solo. No requirió ni solicitó la aportación o la ayus de ningún otro ser – angélico o de otra manera. Lo hizo POR SI MISMO.

PREGUNTA 2: ¿QUÉ SUCEDIO EN EL RIO DE JORDAN?

A menudo se dice que lo que ocurrió cuando Jesús fue bautizado es una prueba absoluta de que tres personas coexisten en la Trinidad. Un examen minucioso del pasaje, sin embargo, demostrará que esto definitivamente NO es el caso.

Mateo 3:16-17

"Y Jesús, después que fue bautizado, subió luego del agua; y, he aquí los cielos le fueron abiertos, y vio al Espíritu de Dios que descendía como paloma, y venia sobre El: [17]Y he aquí una voz del cielo que decía: Este es mi Hijo amado, en quien tengo contentamiento".

Para empezar, tenga en cuenta que Juan NO vio a tres personas. Sólo vio UNA Persona – la persona a la que estaba bautizando. Aparte de ÉL, vio UN Espíritu (NO UNA PERSONA) que descendió como una paloma, y oyó UNA voz.

Todo esto sucedió, según el propio testimonio de Juan, como prueba para él de que Cristo era el Mesías. ¡NO tenía la intención de establecer una doctrina sobre el número de personas en la Deidad!

Juan 1:33-34

"Y yo no le conocía; pero el que me envió a bautizar en agua, Este me dijo: Sobre quien veas descender el Espíritu, y que permanece sobre El, Este es el que bautiza con el Espíritu Santo. [34]Y yo le vi, y he dado testimonio de que Este es el Hijo de Dios".

Al tratar de usar este pasaje ligeramente para la doctrina de la Unidad de Dios, alguien preguntó una vez: "¿Era Jesús un ventrílocuo?" Alguien más preguntó: "¿Estaba vacío el Cielo cuando Jesús estaba en la tierra?" La respuesta a ambas preguntas es ¡NO!

Juan 3:13

"Y nadie subió al cielo, sino el que descendió del cielo, el Hijo del Hombre que está en el cielo".

En Juan 3, Jesús le dijo a Nicodemo que, mientras estaba en la tierra, ¡todavía estaba en el Cielo al mismo tiempo! Aunque el cuerpo carnal estaba en la tierra, el Espíritu que habitaba ese cuerpo todavía llenaba los cielos, ¡porque ese Espíritu es OMNIPRESENTE! No había necesidad de que Jesús "fingiera Su voz", y nunca ha existido un tiempo en que el Cielo haya estado "vacío". Ya que estaba tanto en el Cielo (en forma del Espíritu) así como en la tierra (en forma de carne), entonces Él podía estar en el agua y hablando desde el Cielo ¡a la misma vez!

PREGUNTA 3: EL USO DE LA CONJUGACION VERBAL "ENVIO" O "DADO"

Los trinitarios hacen mucho contienda sobre los versículos que hablan del Padre ENVIANDO al Hijo o del Padre DANDO al Hijo. Afirman que el uso de palabras como "envió" o "dado" demuestra que Cristo preexistió antes de Belén. Algunos ejemplos deberían bastar para aclarar este punto.

Juan 6:40

"Y esta es la voluntad del que me envió: Que todo aquel que ve al Hijo, y cree en Éll, tenga vida eterna; y yo lo resucitaré en el día postrero".

Juan 3:16

"Porque de tal manera amó Dios al mundo, que ha dado a su Hijo unigénito, para que todo aquel que en El cree, no se pierda, más tenga vida eterna".

Para ellos, no es posible que Dios "envíe" a Su Hijo a menos que Su Hijo ya estuviera presente con el Padre. Del mismo modo, insisten en que el Padre no podía "dar" a Su Hijo sin que el Hijo existiera antes de ser dado.

Esto puede sonar lógico a primera vista. Si esto cierto, parece que, nos encontramos con un gran problema al considerar algunos versículos que utilizan esta misma terminología.

Juan 1:6
"Hubo un hombre enviado de Dios, el cual se llamaba Juan".

La Biblia dice que Dios "envió" a Juan. ¿Alguien cree que Juan el Bautista existió de alguna manera antes de su nacimiento? Espero que no. Obviamente, fue "enviado" ¡muchos años después de que nació!

Génesis 17:15-16
"Dijo también Dios a Abraham: En cuanto a tu esposa Saraí, no la llamarás Saraí, más Sara será su nombre. [16]Y la bendeciré, y también te daré de ella hijo: sí, la bendeciré, y vendrá a ser madre de naciones; reyes de pueblos serán de ella".

Dios le dijo a Abraham que le "daría" un hijo. ¿Isaac preexistió? ¡Claro que no!

Génesis 48:9
"Y respondió José a su padre: Son mis hijos, que Dios me ha dado aquí. Y él dijo: Acércalos ahora a mí, y los bendeciré".

José le dijo a Jacob que Dios le "dio" a sus hijos. ¿Existían los hijos de José antes de nacer? Creo que comprende el punto.

Obviamente, tratar de usar la conjugación "envió", "dio", y otros tiempos verbales similares para demostrar que había un Hijo preexistente que estaba con el Padre en la eternidad es una pérdida de timepo. Estas palabras no prueban tal concepto.

En un capítulo anterior ya demostré que el Hijo de Dios (la

humanidad) fue "hecho de una mujer" (leamos Gálatas 4:4), y fue, de hecho, engendrado en un día en particular (leamos Hebreos 1:5). Es imposible que Él sea el Hijo Eterno y el Hijo Engendrado al mismo tiempo (leamos Juan 3:16).

PREGUNTA 4: EL HECHO DE QUE JESÚS ORÓ

Las personas que se adhieren a sus ideas tradicionales sobre la Trinidad usan en ocasiones ejemplos de Jesús orando para demostrar que NO era el Padre. Un ejemplo de ello es, por supuesto, Su oración en el Jardín de Getsemaní.

Mateo 26:39
"Y yendo un poco más adelante, se postro sobre su rostro, y oró diciendo: Padre mío, si es posible, que pase de mí esta copa, pero no se haga mi voluntad, sino la tuya.

Para los trinitarios, el hecho de que Jesús oraba al Padre demuestra que eran dos personas separadas. El problema no sólo es que están equivocados en ese punto, sino que tambien este mismo ejemplo ¡contradice el fundamento básico de la doctrina trinitaria!

El motivo por el que digo esto es porque enseñan que el Padre y el Hijo son co-iguales y, como tales, ambos son omnipotentes. Sin embargo, si el Hijo era igual al Padre, y era omnipotente COMO EL HIJO, ¿por qué buscaría la ayuda de Áquel que era igualmente tan poderoso como él mismo? ¡El hecho mismo de que el hombre Cristo Jesús oró al Padre DEMUESTRA que no era "co-igual con" el Padre!

No les quede duda: este pasaje NO muestra a una persona en la Deidad orando a otra persona. ¡Lo que muestra es la carne orando al Espíritu!

Sólo dos versículos más adelante, después de decir que Jesús oró al Padre, Mateo citó algo que Jesús dijo a Sus discípulos. Esta cita ayuda a explicar mi respuesta a la pregunta en cuestión.

Mateo 26:41

"Velad y orad, para que no entréis en tentación; el espíritu a la verdad está dispuesto, pero la carne es débil".

Cuando se aplica a la persona Jesucristo, podemos llegar a una conclusión concreta. El Espíritu (el Padre) estaba determinado, pero la carne (el Hijo) era débil. De hecho, Jesús dijo en otro lugar que el Padre (Espíritu) era MAYOR QUE (no "co-igual a") el Hijo (carne).

Juan 14:28

"Habéis oído que yo os he dicho: Voy, y vengo a vosotros. Si me amarais, os habrías regocijado, porque he dicho que voy al Padre; porque mi Padre mayor es que yo".

PREGUNTA 5: EL PADRE SABE LO QUE EL HIJO NO SABE

Mi esposa y yo estuvimos en una reunión hace varios años donde las personas a cargo eligieron concluir con oración. El hombre que oró para concluir hizo una declaración mientras oraba y me llamó la atención. Cuando oró, dijo: "Padre Jesús..." y luego pasó a hacer su petición.

Decidí tratar de encontrar al hombre subsequentemente y averiguar si esa declaración fue un accidente, o si realmente creía que Jesús es el Padre. Cuando finalmente lo localicé, estaba rodeado de algunos de sus amigos, quienes se reían en voz alta.

Eventualmente se dieron cuenta de que yo estaba allí y comenzaron a recuperar su compostura. Me presenté al hombre que había orado y le pregunté sobre lo que había dicho. Sus amigos de nuevo comenzaron a reírse cuando él se puso rojo. Uno de los hombres que estaban cerca me dijo que lo que había dicho era lo que les provocaba risa. Se burlaban de él por llamar al Padre "Jesús", y deseaban cerciorarse de que yo supiera que ninguno de ellos creía tal cosa.

La risa se detuvo abruptamente cuando les informé que, a diferencia de ellos, creo que el nombre del Padre es Jesús. Me miraron fijamente por un momento y luego alguien que estaba cerca comenzó a hablar.

"Antes me preguntaba acerca de esa doctrina de la unicidad", dijo, "hasta que leí que el Padre sabe el tiempo del retorno del Hijo, pero el Hijo no." Continuó diciendo: "Me di cuenta en ese momento de que no había manera de que pudieran ser iguales si el Padre sabe algo que el Hijo no sabe".

El versículo del cual el hombre hablaba se encuentra en el evangelio de Marcos. Lo incluyo aquí como referencia.

Marcos 13:32
> *"Pero de aquel día y de la hora nadie sabe, ni aun los ángeles que están en el cielo, ni el Hijo, sino el Padre".*

Mi respuesta al hombre fue similar a la explicación que ofrecí anteriormente con respecto a Jesús orando. Le dije: "Ese versículo es más problemático para ti como trinitario que para mí". Procedí a explicarle que la doctrina de la Trinidad dice que el Padre y el Hijo son iguales. Le pregunté: "Si el Padre y el Hijo son iguales el uno con el otro, ¿cómo uno puede saber algo que el otro no sabe? ¡Eso no me parece que es muy 'igual'!" ¡Esto ciertamente no me parece que sean dos personas omniscientes iguales!

Por supuesto, el Hijo (humanidad) NO es igual al Padre (Deidad). Como mencione en unos párrafos anteriores, Jesús dijo que el Padre (Espíritu) es mayor que el Hijo (Carne). Como tal, el Padre (Espíritu) obviamente puede saber cosas que el Hijo (Carne) no sabe.

Cuando se dirijo al hombre que había sido bajado a través del techo, Jesús perdonó sus pecados. Algunos de los que estaban presentes empezaron a pensar dentro entre sí mismos que Jesús había cometido blasfemia al hacerlo. Marcos entonces nos dice no sólo que Jesús conocía sus pensamientos, sino que específicamente declaró cómo sabía.

Marcos 2:8

"Y al instante Jesús, conociendo en su espíritu que pensaban de esta manera dentro de sí mismos, les dijo: ¿Por qué pensáis estas cosas en vuestros corazones?"

Según Marcos, Jesús "conociendo en Su Espíritu." La palabra "conociendo" se traduce de la palabra griega *"epiginoosko"*, que también se puede traducir como "sabía". En otras palabras, la manera en que Jesús pudo responder a sus pensamientos fue porque "sabía en el Espíritu" lo que estaban pensando. Este no fue un conocimiento que obtuvo por medio de Su carne; Él sólo lo sabía en el Espíritu.

Lo mismo es cierto con respecto al día y la hora de Su retorno. No tenía ese conocimiento basado en Su carne, pero en Su Espíritu sabía todas las cosas (leamos Juan 21:17).

PREGUNTA 6: HACIENDO INTERCESIÓN

Después de enseñar sobre la Deidad en mis seminarios en África, siempre proporciono tiempo para que los asistentes hagan preguntas. Al hacerlo, he descubierto que casi invariablemente se me hacen las mismas preguntas en todos los sitios a donde viajo. Es tan común que he empezado a responder a esas preguntas antes de abrir la abrir el espacio a preguntas. Prácticamente sin excepción, se me harán una o más de las cinco preguntas antes mencionadas aquí, o una o ambas de las dos que menciono a continuación.

Hubo una ocasión en la que me hicieron una pregunta que nunca me habían hecho. ¡Estaba emocionado! Para mí, me mostró que alguien no estaba únicamente confiando en las tradiciones antiguas que siempre se le habían enseñado, sino que estaba estudiando por sí mismo.

Basándome en mi experiencia, si una persona hace una pregunta, generalmente también tiene otras a las cuales le gustaría conocer la respuesta. Es por eso que estoy incluyendo esta pregunta dentro de las páginas de este libro.

La pregunta que se me hizo ese día implica un principio que se aborda en un par de pasajes diferentes. Voy a incluir dos de ellos para que pueda entender mejor la base de la pregunta.

Romanos 8:34
"¿Quién es el que condenará? Cristo es el que murió, y más aun, el que también resucitó, el que además está a la diestra de Dios, el que también intercede por nosotros".

Hebreos 7:25
"Por lo cual puede también salvar perpetuamente a los que por Él se acercan a Dios, viviendo siempre vive para interceder por ellos".

Debido a estos versículos, los trinitarios afirman que la Segunda Persona está realizando una intercesión a la Primera Persona en nuestro nombre. Por supuesto, esto no es verdad.

Para empezar, Jesús expresó clara y abiertamente que todo lo que tenemos que hacer es pedir directamente. Entonces prometió que él mismo respondería.

Juan 14:14
"Si algo pidiereis en mi nombre, yo lo haré".

Además, no podemos pasar por alto lo que Pablo escribió a la iglesia de Roma en relación con este proceso de "intercesión" antes de la declaración en el versículo 34 (que se citó anteriormente). En los versículos 26 y 27, el apóstol ya había explicado cómo verdaderamente se realiza la intercesión.

Romanos 8:26-27

"Y de la misma manera, también el Espíritu nos ayuda en nuestras debilidades; pues que hemos de pedir como conviene, no lo sabemos; pero el Espíritu mismo intercede por nosotros con gemidos indecibles. ²⁷Y el que escudriña los corazones sabe cuál es la intención del Espíritu, porque conforme a la voluntad de Dios intercede por los santos".

Pablo dijo que esta intercesión toma lugar cuando "el Espíritu mismo" lo hace. Esto se logra a través de "gemidos indecibles". La Biblia básica en inglés traduce esto como: "El Espíritu pone nuestros deseos en palabras que no están en nuestro poder de decir." Según el versículo 26, a veces no sabemos exactamente por qué debemos orar, pero, el versículo 27 nos dice que cuando el Espíritu comience a interceder A través de nosotros, el Espíritu lo hará "conforme a la voluntad de Dios."[13]

Por lo tanto, el proceso de intercesión no es una cuestión de que una Persona Divina interceda a otra Persona Divina por nosotros. Más bien, es una cuestión del Espíritu de Dios orando a través de nosotros, ayudándonos a no "pedir mal" (leamos Santiago 4:3).

Esto es lo que Pablo describió en su primera carta a los Corintios. Allí, se refirió a ésta como "orar en lenguas" o "orar con el Espíritu".

1 Corintios 14:14-15

"Porque si yo oro en lengua desconocida, mi espíritu ora, pero mi entendimiento queda sin fruto. ¹⁵¿Qué hay entonces? Oraré con el espíritu, pero oraré también con el

¹³ HOOKE, S. H. (1982). *La Biblia en inglés básico*. Cambridge, Cambridge University Press.

entendimiento; cantaré con el espíritu, pero cantaré también con el entendimiento ".

PREGUNTA 7: LO QUE ESTEBAN VIO EN SU VISIÓN

Otro pasaje que a menudo se cita como "prueba absoluta" de la Trinidad es Hechos 7. Los trinitarios afirman que Esteban dijo que vio a Dios y a Jesús durante la visión que tuvo antes de su muerte.

Hechos 7:55

"Mas él, lleno del Espíritu Santo, puestos los ojos en cielo, vio la gloria de Dios, y a Jesús en pie a la diestra de Dios ".

Si pone atención a las palabra en este versículo, puede ver que Esteban no hizo tal afirmación. Esteban vio algo, pero NO vio al Padre Y al Hijo.

Para comprobar esto, comencemos con una de las primeras cosas que aprendimos acerca de Dios. En mi análisis de los cuatro principios necesarios para entender la Deidad, le mostré usando la Escritura que Dios el Padre es un Espíritu, y que el Espíritu es invisible – ¡No se le puede ver!

Juan 1:18

"A Dios nadie le vio jamás; el unigénito Hijo, que está en el seno del Padre, Él le ha dado a conocer".

1 Juan 4:12

"A Dios nadie le vio jamás. Si nos amamos unos a otros, Dios permanece en nosotros, y su amor se perfecciona en nosotros ".

1 Timoteo 6:16

"el único que tiene inmortalidad, y habita en luz inaccesible; a quien ningún hombre ha visto ni puede ver. A Él [*sea*] honra y poder sempiterno. Amén".

Por favor, preste especial atención al último versículo, el cual fue escrito por Pablo. La razón por la que esto es importante es porque Pablo (en ese tiempo llamado "Saulo") estaba allí ¡cuando Esteban tuvo su visión!

Hechos 7:58

"Y echándole fuera de la ciudad, le apedrearon; y los testigos pusieron sus vestiduras a los pies de un joven que se llamaba Saulo".

Hechos 8:1

"Y Saulo consentía en su muerte. Y en aquel tiempo fue hecha una gran persecución contra la iglesia que estaba en Jerusalén; y todos fueron esparcidos por las tierras Judea y de Samaria, salvo los apóstoles".

De hecho, fue evidente que ese mismo incidente puso a Pablo bajo convicción. ¡No había manera de que Pablo pudiera haber olvidado este incidente, y no obstante, haber escrito más tarde que "NINGÚN HOMBRE HA VISTO, NI PUEDE VER" Dios!

Dado que obviamente incluía a Esteban, ¡está claro que Pablo sabía que Esteban NO vio a dos personas! Lo que Esteban vio fue "la gloria de Dios, y Jesús en pie a la diestra de Dios."

Por supuesto, alguien preguntará: "¿Cómo podría alguien ver a Jesús a la diestra de Dios sin ver también a Dios?" La respuesta a esa pregunta está basada en algo que aprendimos acerca de Dios – Él es omnipresente.

Si puede, dígame, ¿dónde está la "mano derecha" de un Espíritu OMNIPRESENTE? Considere el aire: ¿puede pararse en el lado derecho o izquierdo del aire? Obviamente, "la mano derecha de Dios" no es un lugar físico. Mas bien, es una metáfora relacionada con el poder.

Una práctica importante es permitir siempre que la Escritura interprete la Escritura. Emplearemos ese buen principio ahora, examinando las palabras que Jesús mismo habló cuando estaba ante Pilato.

Mateo 26:64

"Jesús le dijo: Tú lo has dicho. Además os digo: desde ahora veréis al Hijo del Hombre sentado a la diestra de poder, y viniendo en las nubes del cielo".

Marcos 14:62

"Y Jesús le dijo: Yo soy; y veréis al Hijo del Hombre sentado a la diestra del poder, y viniendo en las nubes del cielo".

Jesús habló del día en que estaría sentado "a la diestra del poder." Los judíos habían utilizado durante mucho tiempo la mano derecha para simbolizar el poder, tal como lo hicieron después del cruce del Mar Rojo.

Éxodos 15:6

"Tu diestra, oh Jehová, ha sido magnificada en fortaleza; Tu diestra, oh Jehová, ha quebrantado al enemigo.".

¿Estaban los Hijos de Israel diciendo que habían visto la palma de Dios y los dedos haciendo esta obra? ¡Absolutamente no! Más bien, simplemente afirmaban que esta victoria había sido el resultado del poder de Dios.

Esteban no vio a dos personas. ¡Lo que vio fue la gloria de Dios y de Jesús coronando en todo el poder de Dios!

Muchas veces en pasajes similares a éste, la gente se afianzan de un versículo sin seguir leyendo los versículos restantes. Al hacerlo, muchas veces omiten un punto de clarificación ofrecido en los versos mismos.

Tal es el caso de la visión de Esteban. Preste atención a la oración que oró sólo cuatro versículos más adelante después de describir lo que vio.

Hechos 7:59

"Y apedrearon a Esteban, mientras el invocaba a Dios y decía: Señor Jesús, recibe mi espíritu".

Mientras Esteban moría, llamó a **Dios.** Cuando lo hizo, sólo se dirigió a Un Ser, y ese fue el "¡Señor Jesús!"

PREGUNTA 8: DESAMPARADO POR EL PADRE

La última pregunta que menciono en este libro quizás es mi favorita. Por eso, la he reservado para el final.

Esta pregunta se basa en lo que Jesús clamó en la cruz mientras moría. Para algunos, parece comprobar que hay una diferencia entre la persona el Hijo del Padre. Ellos afirman que el Padre nos mostró Su gran amor desamparando al Hijo (hasta el punto de apartar Su rostro de Él, o como dijo alguien, "apartando sus ojos de su Hijo"[14]) y permitiendo que Su Hijo muriera.

Mateo 27:46

"Y cerca de la hora novena, Jesús exclamo a gran voz, diciendo: Eli, Eli, ¿lama sabactani? esto es: Dios mío, Dios mío, ¿por qué me has desamparado?"

Una vez más encontramos un pasaje que los trinitarios piensan que les ayuda a defender sus creencias cuando en realidad éste demuestra que están equivocados. Si el Hijo era co-igual con el Padre, ¿por qué importaba que el Padre desamparara al Hijo? Además, si el Padre es un Dios tan amoroso (¡que si lo es!), ¿cómo podría "abandonar" a Su propio Hijo?

---

[14] DEVER, M., DUNCAN, J. L., MOHLER JR., R. A., MAHANEY, C. J., PIPER, J., SPROUL, R.C., MACARTHUR, J., & ANYABWILE, T.M. (2009). *Proclamar una teología centrada en la cruz.* Wheaton, IL, Crossway.

Para empezar, ¡no creo que Jesucristo haya sido abandonado por Dios! (Lo demostraré en la Escritura al final de esta sección.) Lo que sucedió aquí fue el resultado de que Cristo se convirtió en pecado por nosotros. Por lo tanto, sintió el efecto de lo que nunca antes había sentido: los efectos del pecado.

2 Corintios 5:21
"Al que no conoció pecado, lo hizo pecado por nosotros, para que nosotros fuésemos hechos justicia de Dios en Él".

Tomando el lugar de los pecadores, Él sintió lo que todo pecador siente. SE SINTIÓ separado de Dios. Sin embargo, debo clarificar: aunque Cristo se sintió desamparado por Dios, NO fue así.

Entonces, ¿por qué Cristo dijo esas palabras? Para ayudarle a entender mejor el propósito detrás de Su clamor, considere algo por un momento: Si digo, "Sublime Gracia, cuán dulce el sonido", ¿qué le viene a la mente?

No tengo ninguna duda de cuál es su respuesta: "Que salvó a un desdichado como yo." La razón por la que esas palabras en particular le vinieron a la mente es porque usted está familiarizado con las palabras de ese canto.

Si digo: "El Señor es mi pastor", ¿qué viene a la mente? Estoy seguro de que la respuesta que dio es: "Nada me faltará". Una vez más, la razón por la que esas palabras vinieron a su mente fue porque usted ¡está familiarizado con las palabras de ese Salmo!

Considerando esto, medite en el hecho de que "Dios mío, Dios mío, ¿por qué me has desamparado?" no fue sólo una frase pronunciada por nuestro Salvador al morir. Esas son las primeras palabras en el primer versículo del Salmo 22.

Salmos 22:1
"Dios mío, Dios mío, ¿por qué me has desamparado? ¿por qué estás tan lejos de mi

salvación, y de las palabras de mi clamor?"

En el mismo momento en que el Hijo se SINTIÓ desamparado de Dios, comenzó a cantar (recuerden, los Salmos formaban el libro de cantos de Israel) el Salmo que describía lo que sentía. Cuando lo hizo, todos los judíos que se acercaron lo suficiente para oír seguramente empezaron a recitar el resto de ese pasaje en sus mentes, por no decir en voz alta. Al hacerlo, se dieron cuenta de que el Salmo 22 se estaba cumpliendo ante sus propios ojos.

Considere algunos versículos de muestra:

Salmo 22:6-8

"Mas yo soy gusano, y no hombre; oprobio de los hombres, y despreciado del pueblo. ⁷Y todos los que me ven, se burlan de mí; estiran los labio, menean la cabeza, diciendo: ⁸Confió en Jehová, libérele Él; sálvele, puesto que en Él se complacía".

¿Qué se decía en la cruz? Según Mateo, ¡la multitud alrededor de la cruz estaba diciendo las mismas palabras escritas en el Salmo 22 siglos antes!

Mateo 27:43

¡Confió en Dios; líbrele ahora se le quiere, porque ha dicho: Yo soy el Hijo de Dios'.

Sigamos leyendo este Salmo. Al hacerlo, comenzaremos a darnos cuenta de que no hay imagen más clara de un hombre que está siendo crucificado que lo que está registrado en estos versículos.

Salmo 22:13-16

"Abrieron sobre mí su boca, como león rapaz y rugiente. ¹⁴Estoy derramado como aguas, y todos mis huesos se descoyuntaron: Mi corazón es como cera; derretido en medio de mis entrañas. ¹⁵Se secó como un tiesto mi vigor; y mi

lengua se pegó a mi paladar; y me has puesto en el polvo de la muerte. ¹⁶*Porque perros me han rodeado, me ha cercado cuadrilla de malignos; horadaron mis manos y mis pies".*

Note lo que está escrito: Sus huesos estaban descoyuntados; Su fuerza se secó; Su lengua se le pegó en el techo de su boca; ¡Sus manos y pies estaban horadados! ¿Puede haber alguna duda de que esta profecía se estaba cumpliendo en el Calvario?

Sin embargo, no hemos terminado. Preste atención a una cosa más que el Salmista dijo que sucedería como SUCEDIÓ durante la crucifixión de nuestro Señor.

Salmo 22:17-18
"Contar puedo todos mis huesos: ellos me miran y me observan. ¹⁸*Repartieron entre si mis vestiduras, y sobre mi ropa echaron suertes".*

No hay manera que alguien pueda cuestionar que el Salmo 22 no era otra cosa sino un canto profético sobre la muerte del Salvador. De hecho, Mateo cita específicamente estos versículos para mostrar aún más que Jesús era el Mesías.

Mateo 27:35
"Y después que le hubieron crucificado, repartieron sus vestiduras, echando suertes; para que se cumpliese lo que fue dicho por el profeta: Repartieron entre si mis vestiduras, y sobre mi ropa echaron suertes".

Es mi afirmación que Jesús miró a la multitud misma que había ordenado Su muerte y, en un último momento de amor y compasión, utilizó las palabras de este Salmo profético para tratar de llegar al corazón de aquellos que lo odiaban. En Su incomparable misericordia y gracia, comenzó a cantar como si fuera para una última llamada al altar. Obviamente esperaba cambiar la mente de sus acusadores para que lo vieran como el cumplimiento de este gran pasaje profético.

Al concluir esta sección, quiero cumplir mi promesa de demostrar que Cristo no fue verdaderamente desamparado por el Padre. Sabiendo que el Salmo 22 es CLARAMENTE una profecía de lo que sucedería en el Calvario, considere el versículo 24.

Salmo 22:24

"Porque no menosprecio ni abomino la aflicción del pobre, ni de el escondió su rostro; sino que cuando clamo a Él, le oyó".

No conozco a ningún trinitario que diga que cree en más de un Dios. Todos los trinitarios con los que he tenido esta discusión expresan creer en uno solo –simplemente creen que uno está formado por tres diferentes personas.

Sin embargo, seamos honestos. Si el Padre y el Hijo son lo suficientemente distintos y separados como para abandonarse uno al otro, no hay manera de que sean verdaderamente "un solo Dios". Si pueden separarse, incluso por un momento, entonces tienes dos dioses, simple y planamente.

Salmo 22:24 para siempre resuelve este problema. En este pasaje miramos claramente que en ningún momento se pudo decir con certeza que Dios "escondió su rostro" del ser que esta siendo crucificado. Por lo tanto, como puede ver, el Padre NO "apartó Su rostro" ni abandonó al Hijo. ¿Cómo podría? ¡Él estaba morando en el Hijo!

CAPÍTULO 7
CONCLUSIÓN

Conforme concluyo este libro, permítame implorarle que considere su contenido con cuidado y oración. La identidad de Dios – y la Persona de Jesucristo – son doctrinas que tienen consecuencias eternas. ¡No podemos darnos el lujo de equivocarnos!

> **Juan 8:24**
> *"Por eso os dije que moriréis en vuestros pecados; porque si no creéis que yo soy, en vuestros pecados moriréis".*
>
> **Juan 8:27**
> *"Mas no entendieron que les hablaba del Padre".*

Personalmente ¡he sido testigo de multitudes de hombres y mujeres de todo el mundo obteniendo una revelación del Dios Poderoso en Cristo! Aunque significa rechazar muchas cosas en las que han creído durante muchos años, estas personas están viendo la belleza de esta enseñanza y abrazándola plenamente. Como resultado, muchas otras cosas en la Escritura están siendo abundantemente más claras para ellos.

Es imperativo que ciñas la verdad. Sólo la verdad puede proveer verdadera libertad.

Juan 8:32

"Y conoceréis la verdad, y la verdad os hará libres".

Amigo mío, la Biblia en ninguna parte declara que hay "tres en uno". Aunque hay un versículo que menciona "tres", este no dice que son "EN" uno. ¡Dice que SON uno!

1 Juan 5:7

"Porque tres son los que dan testimonio en el cielo, el Padre, el Verbo y el Espíritu Santo; y estos tres son uno".

Compare esto con el versículo que sigue. También habla de "tres", pero no dice que estos tres SON uno.

1 Juan 5:8

"Y tres son los que dan testimonio en la tierra; el Espíritu, el agua, y la sangre; y estos tres concuerdan en uno".

Es evidente que nunca se podría decir que el Espíritu, el agua y la sangre en realidad sea uno. Simplemente "están de acuerdo en uno". Proporciono una explicación más detallada de este versículo en mi libro sobre el Nuevo Nacimiento.

El Padre, la Palabra (es *decir,* el Hijo) y el Espíritu Santo no son como el Espíritu, el agua y la sangre. Jesús es el Padre en la creación, el Hijo en redención y el Espíritu Santo en regeneración. Por lo tanto, no sólo "están de acuerdo en uno", ¡SON UNO!

BIBLIOGRAFÍA

BARNES, A., MURPHY, J. G., COOK, F.C., PUSEY, E.B., LEUPOLD, H.C., & FREW, R., *Barnes' Notes.* Grand Rapids, Michigan: Baker.

DAVIDSON PRESS, The Holy Bible: International Standard Version: New Testament. Yorba Linda, CA, Davidson Press.

DEVER, M., DUNCAN, J. L., MOHLER JR., R. A., MAHANEY, C. J., PIPER, J., SPROUL, R.C., MACARTHUR, J., & ANYABWILE, T.M., *Proclamando una Teología Centrada en la Cruz.* Wheaton, IL, Crossway.

HOOKE, S. H., *La Biblia en Inglés Básico.* Cambridge, Cambridge University Press.

KRUSE, D. P., *¿Cómo se manifiesta un dios de una esencia en tres personas?,* Evangelismo laico, http://www.layevangelism.com/qreference/islam/trinity.htm

SCHAFF, P., A Popular Commentary on the New Testament. Edimburgo, T. & T. Clark.

SLICK, M., *¿Qué es la Trinidad?,* Ministerio de Apologética Cristiana e Investigación, https://carm.org/what-is-the-trinity

La Biblia común del estudio de la Biblia Inglesa, Nashville: La Biblia Inglesa Común.

VINCENT, M. R., *Estudios de Palabras en el Nuevo Testamento.* Nueva York, Scribner.

BLANCO, J., *La Naturaleza de Dios.,* Ministerios Alfa y Omega, http://vintage.aomin.org/natureofgod.html

ACERCA DEL AUTOR

El Pastor Gregory K. Riggen nació en 1960 de padres (en ese momento) que no eran cristianos. Comenzó a asistir a una Iglesia Pentecostal Apostólica a la edad de 11 años. Al año siguiente, recibió el Espíritu Santo y fue bautizado en el nombre de Jesús. Posteriormente ganó a toda su familia para El Señor. Ese verano sintió el llamado al ministerio, y predicó su primer mensaje un miércoles por la noche a la edad de 13 años.

El pastor Riggen recibió su bachillerato del Colegio Bíblico de Texas en Houston. Con un promedio de 4.0, fue el graduado con las mejores calficaciones en su clase. Inmediatamente después de la graduación entró en el ministerio de tiempo completo.

A la edad de 24 años, aceptó su primera oficina pastoral. Ha pastoreado en Texas, Colorado, Mississippi y Kansas.

En 1988, El pastor Riggen publicó su primer libro, "La locura y el método de la música moderna". Ha escrito numerosos artículos, así como varias lecciones para Word Aflame Publications. También ha escrito y publicado dos Estudios Bíblicos para el Hogar.

En 2013, el pastor Riggen fue invitado a Zimbabue para dar conferencia a varios pastores pentecostales trinitarios. Esa reunión resultó en en el bautizo en el nombre de Jesús de más de 50 pastores y esposas. Como consecuencia, fundó A2Z Missions y por la cual desde entonces ha entrado en los países de Botsuana, Malaui, Sudáfrica, Suazilandia y Zambia. Literalmente cientos de pastores han recibido la revelación del Dios Poderoso en Cristo y han sido bautizados en el nombre de Jesús debido a la enseñanza que recibieron a través de sus conferencias.

El Pastor Riggen ha pastoreado la Iglesia Truth Church en Olathe, Kansas durante 24 años. Durante este tiempo, ha sido fundamental en el establecimiento de tres "obras hijas". Su visión es plantar muchas más iglesias en toda el área metropolitana de Kansas City mientras continúa dirigiendo la obra en Olathe.

Él y su esposa, Rhonda (Yates) Riggen, han estado casados por 40 años. Tienen tres hijas y nueve nietos.

Made in the USA
Columbia, SC
30 November 2024

47959605R00057